Último caderno de Lanzarote

O diário do ano do Nobel

José Saramago
Último caderno de Lanzarote

O diário do ano do Nobel

Prêmio Nobel
Companhia Das Letras

Copyright © by Herdeiros de José Saramago, Fundação José Saramago e Porto Editora

A editora manteve a grafia vigente em Portugal, observando as regras do Acordo Ortográfico da Língua Portuguesa de 1990.

O texto inicial, retirado do volume 2 da edição espanhola de *Cadernos de Lanzarote*, que reúne os anos de 1996-7, e a introdução de Pilar del Río foram traduzidos por Artur Lopes Cardoso. As cartas inseridas de 8 de agosto, 17 de setembro e 20 de dezembro, assim como a conferência de 22 de setembro, foram traduzidas por Maria João Moreno, e a de 7 de junho, por Silvia Massimini Felix.

Capa e projeto gráfico
Claudia Espínola de Carvalho

Foto da caixa
© João Francisco Vilhena; *Lanzarote XIV*, 2014.

Foto de capa
© Sebastião Salgado; José Saramago/ Ilha de Lanzarote, Canárias, Espanha, 1996.

Preparação
Silvia Massimini Felix

Revisão
Ana Maria Barbosa e Jane Pessoa

Dados Internacionais de Catalogação na Publicação (CIP)
(Câmara Brasileira do Livro, SP, Brasil)

Saramago, José, 1922-2010
 20 anos Nobel / José Saramago. — 1ª ed. — São Paulo : Companhia das Letras, 2018.

 Conteúdo: v. 1. Último caderno de Lanzarote — O diário do ano do Nobel / José Saramago — v. 2. Um país levantado em alegria / Ricardo Viel
 ISBN 978-85-359-3186-0

 1. Escritores portugueses – Diários 2. Literatura portuguesa 3. Saramago, José, 1922-2010 – Diários 4. Prêmio Nobel I. Viel, Ricardo. II. Título. III. Título: Último caderno de Lanzarote – O diário do ano do Nobel. IV. Título : Um país levantado em alegria : 20 anos do prêmio Nobel de literatura de José Saramago.

18-21206   CDD-869.8

Índices para catálogo sistemático:
1. Escritores portugueses : Diários 869.8
2. Escritores portugueses : Prêmio Nobel 869.8

Maria Paula C. Riyuzo – Bibliotecária – CRB-8/7639

[2018]
Todos os direitos desta edição reservados à
EDITORA SCHWARCZ S.A.
Rua Bandeira Paulista, 702, cj. 32
04532-002 — São Paulo — SP
Telefone: (11) 3707-3500

www.companhiadasletras.com.br
www.blogdacompanhia.com.br
facebook.com/companhiadasletras
instagram.com/companhiadasletras
twitter.com/cialetras

A Pilar

E, se o *Sexto caderno* não chegou a ver a luz do dia e ficou preso no disco rígido do computador, foi apenas porque, enredado de súbito em mil obrigações e compromissos, todos urgentes, todos imperativos, todos inadiáveis, perdi o ânimo e também a paciência para rever e corrigir as duzentas páginas que tinham acolhido as ideias, os factos e também as emoções com que o ano de 1998 me beneficiou e, uma ou outra vez, me agrediu. Eram palavras que já considerava definitivamente condenadas ao limbo, mas, como diz a sabedoria popular, os dias sucedem-se uns aos outros e aquilo que foi dúvida pode converter-se, amanhã, em certeza. Aconteceu-me algo semelhante quando Amaya Elezcano, a minha editora, me pediu que explicasse aos leitores as razões pelas quais este *Quinto caderno* era o último da série. Ora bem, como existia, ainda inédito, um *Sexto caderno*, é claro que seria jurar falso dizer que depois do *Quinto caderno* não haveria mais. De modo que não tinha outro remédio senão fazer esta confissão pública e aproveitar para dar a notícia de que o dito *Sexto caderno* aparecerá brevemente em Portugal. E em Espanha? Espanha terá de esperar por que se reúna o *Sétimo caderno*, que começarei a escrever no dia 1 de janeiro de 2002, se estiver vivo e com saúde...

José Saramago, 12 de outubro de 2001
Fragmento final da edição espanhola
de *Cadernos de Lanzarote* — 1996-7

O limbo e os discos rígidos do tempo
Pilar del Río

Alguns livros requerem uma explicação e este é um deles. Não pelo conteúdo, claro e rotundo, como verão, sequência feliz de cinco volumes anteriores que foram publicados a tempo e horas. O esclarecimento tem antes que ver com circunstâncias que permitem que hoje, querido leitor, querida leitora, estas páginas cheguem às suas mãos, vinte anos depois de terem sido escritas e dezassete anos após o autor ter anunciado que apareceriam em breve, porque o destino dos livros escritos é chegar aos leitores e não permanecerem alojados no limbo que é o disco rígido do computador.

José Saramago deu notícia da existência do *Cadernos de Lanzarote — Diário VI* em outubro de 2001, no epílogo que escreveu para a edição espanhola do *Caderno* de 1997 e, mais tarde, na apresentação do livro em Madrid. Ao saberem a novidade, os editores aplaudiram e nós, os leitores, regozijámo-nos e ficámos a aguardar a narração dos dias do ano em que o escritor recebeu o prémio Nobel, certos de que, além de nos aproximarem do ser humano que conhecíamos, essas páginas incluiriam pormenores dos dias principais da vida literária, pelo que pedimos a sua publicação quanto antes. Mas, o tempo passava e o novo *Caderno de Lanzarote* não aparecia, embora chegassem, isso sim, notícias de viagens, conferências e outras atividades públicas que justificavam que, apesar de o volume ter sido anunciado, fosse sendo sucessivamente adiado. Por aqueles dias, como agora se torna público, José Saramago mudou de computador e, por decisão de quem com ele estava, deixou de ter no ecrã a ameaçadora lista de assuntos pendentes que tanta ansiedade lhe provocava: para cumprir com o ofício de escrever, bastavam as exigências próprias da literatura e do seu projeto pessoal de não ter pressa e não perder tempo, pelo que se limpou a paisagem de outras pressões sem a consciência de que, ao lado de supostas urgências, poderiam encontrar-se flores recém-colhidas, frescas e luminosas, como o de 1998. Por vezes, alguém perguntava pelo *Caderno VI*, mas de uma forma tão discreta que nem o próprio autor se dava por aludido, como se ter anunciado que o livro seria publicado em breve bastasse para cumprir o seu destino. Assim, o tempo foi passando, apareceu *A caverna*, foram publicados outros livros e o sexto volume dos seus diários não teve outro remédio senão entrincheirar-se de novo no disco rígido do computador, perdido do humano olhar do autor, também dos editores e dos leitores, por fim resignados a não conhecerem em primeira mão a vida daquele ano feliz. Foram necessários vários acasos "saramaguianos", como o escritor Eduardo Lourenço os define, para que o texto escrito há vinte anos se tenha manifestado por si próprio, dando origem a este volume que tem nas suas mãos, querido leitor, querida leitora, mais uma vez Lanzarote, mais uma vez o testemunho pessoal de dias vividos e escritos com manifesta intenção de os compartilhar.

O poeta e ensaísta Fernando Gómez Aguilera, autor da cronobiografia de José Saramago e comissário da exposição *A Consistência dos Sonhos*, aceitou o desafio de organizar um volume com as conferências e discursos proferidos por José Saramago em diversos países e datas, uns publicados, outros conservados em papel, outros ainda arquivados digitalmente. No processo de recompilação foi necessário rastrear com espírito detetivesco os diversos computadores que José Saramago utilizou ao longo da sua vida digital, que abarca desde *História do cerco de Lisboa* até *Alabardas, alabardas, espingardas, espingardas*, pesquisando os ficheiros digitais que o escritor organizou de uma forma precisa. Um desses ficheiros, uma pasta alojada no computador substituído quando se considerou imprescindível dar tranquilidade ao seu espírito, intitula-se "Cadernos", nome que tanto para Fernando Gómez Aguilera como para quem escreve estas palavras acolheria livros acabados, os cinco volumes de *Cadernos de Lanzarote* que, nos trabalhos de pesquisa, quando era necessário confirmar um dado ou uma data, se consultavam na versão em papel, fazendo com que o ficheiro digital se tenha mantido tal como o autor o criou, sem que alguma mão lhe tivesse tocado. Imaginem a surpresa quando a necessidade investigadora levou a premir a opção "abrir" e apareceu com todas as suas letras — a fantasia leva-me a ver o título do livro a piscar e a cores, embora saiba que não é verdade — *Cadernos VI*, na ordem lógica pela qual José Saramago arquivou os diários, começando pelo primeiro e acabando nesse, o sexto. "Seis? Como é possível, se só existem cinco volumes?" foi a absurda pergunta lançada para o ar, antes de começar a ler, sem respirar nem falar, sem ver nada para além do ecrã, que, sendo ecrã, era também voz e narrava um tempo distante que se tornava presente ao manifestar-se assim, naquela noite, naquela casa, ali. Não será necessário descrever a comoção do momento, a surpresa e a emoção, a paragem do tempo, a ansiedade e a alegria, a nostalgia, o peso e uma leveza que quebrava todas as leis do espaço e do tempo. Eram dias de há vinte anos, eram dias de hoje. O autor a falar de si, as palavras que saíam aos borbotões, mês a mês, um ano inteiro, esse ano e precisamente agora. Era fevereiro de 2018 quando o livro abandonou o limbo do disco rígido e se tornou uma bela promessa no mundo dos livros. Agora, é já realidade e está nas suas mãos.

Este é o renascimento do *Cadernos VI*, o diário que ficou para trás porque a capacidade de atenção é limitada — a do autor, que lidava com diversas frentes, também a daqueles que com ele estavam, que não reclamaram o livro que era já uma tradição anual e, além disso, já fora anunciado. Em defesa de uns e de outros convém insistir no caos que se instalou em casa de José Saramago, a partir do momento em que foi anunciado o prémio Nobel de literatura. Foi o reconhecimento, foram as responsabilidades que para alguns, sem dúvida para José Saramago, essa distinção implica, umas literárias, outras de carácter político e humano. O certo é que o processo de escrita foi radicalmente alterado. Como se verá, o corpo central do *Caderno* está concluído, embora haja páginas em que simplesmente se enuncia o assunto que se pensava abordar ou aprofundar, antes de o entregar aos editores. Este que seria o último passo, tão fácil de concretizar, e que apenas exigia algum tempo e tranquilidade de espírito, foi a causa para que o projeto se adiasse uma outra vez. Agora, nestes dias de nova vida, foi possível seguir o rasto a algumas entradas propostas e com elas formou-se uma segunda parte ou um epílogo. Naturalmente, o volume apresenta-se tal como José Saramago o deixou escrito. E não, não chega tarde, o *Caderno* aparece no momento em que é mais necessário: entenderão o que digo quando avançarem na sua leitura. Vinte anos depois é o momento adequado para certas reflexões e confidências.

José Saramago assegurou, várias vezes, que o diário de 1998 seria o último porque os compromissos assumidos como autor e como cidadão o obrigavam a organizar de outra forma as horas do dia. Só em 2007, depois de uma doença que quase lhe ia custando a vida, sentiu a necessidade de comunicação diária com outros e fê-lo através de um blogue, publicado diariamente na página da Fundação José Saramago e em alguns meios de comunicação. Estes textos, mais concretos e diretos, também foram publicados em dois volumes que já não incluem o nome da ilha vulcânica que o escritor escolheu para viver, são simplesmente *Os cadernos* do autor.

"Este *Sexto caderno* aparecerá em breve", deixou dito José Saramago. Talvez esse "em breve" possam ser vinte anos, quem sabe medir o tempo. No dia 31 de dezembro de 1994 escreveu, noutro volume dos *Cadernos*: "O tempo é um elástico que estica e encolhe. Estar perto ou longe, ali ou aqui, apenas depende da vontade".

É isso mesmo.

O autor de *Memorial* deixa, como Chateaubriand, as suas *ultima verba* no computador.

Agradeçamos ao mágico suporte por ter preservado esse diálogo de José Saramago consigo mesmo e com o seu tempo, num espaço e numas reverberações sem fim.

Eduardo Lourenço

Cadernos de
Lanzarote
Diário VI

1 de janeiro de 1998

Durante a noite, o vento andou de cabeça perdida, dando voltas contínuas à casa, servindo-se de quantas saliências e interstícios encontrava para fazer soar a gama completa dos instrumentos da sua orquestra particular, sobretudo os gemidos, os silvos e os roncos das cordas, pontuados de vez em quando pelo golpe de timbale de uma persiana mal fechada. Nervosos, os cães lançavam-se de rompante pela gateira da porta da cozinha (o ruído é inconfundível) para irem ladrar lá fora ao inimigo invisível que não os deixava dormir. Manhã cedo, antes mesmo do pequeno-almoço, desci ao jardim para ver os estragos, se os houvera. A força da ventania não tinha esmorecido, bem pelo contrário, sacudia com injusta ferocidade os ramos das árvores, sobretudo os da acácia, que com uma simples e bonançosa aragem se deixam mover. As duas oliveiras e as duas alfarrobeiras, novas ainda, pelejavam bravamente, opondo aos esticões do malvado a elasticidade das suas fibras juvenis. E as palmeiras, essas, já se sabe, nem um tufão as consegue arrancar. Com os catos também não valia a pena preocupar-me, resistem a tudo, chegam a dar a impressão de que o vento faz um rodeio quando os vê, passa por eles de largo, com medo de se espetar nos espinhos. Ao longo do muro, os pinheiros canários, em fila, mais desgrenhados que de costume, cumpriam o dever de quem foi colocado na linha da frente: aguentar os primeiros choques. Tudo parecia estar em ordem, podia ir preparar o meu pequeno-almoço de sumo de laranja, iogurte, chá verde e torradas com azeite e açúcar. Foi então que notei que o tronco de um pinheiro oscilava mais que os dos seus irmãos. Conhecendo o chão que piso, compreendi que as raízes, abaladas pelos bruscos e repetidos safanões do vento, iam, pouco a pouco, afrouxando a presa. Por estes sítios, é delgadíssima a camada de terra fértil, a pedra começa logo a uma mão travessa da superfície, às vezes ainda menos. Sempre estará em perigo uma árvore que, no lugar em que a plantaram ou onde nasceu espontânea, não tenha tido a sorte de achar uma fenda por onde insinuar as radículas extremas e depois forçar o espaço de que necessita para firmar-se. O meu pinheiro, apenas três palmos mais alto do que eu, estava a precisar de uma ajuda. Comecei por escorá-lo com o cabo de uma enxada, entalado entre um dos ramos baixos e o chão, mas o resultado foi desanimador, a intermitente oscilação do tronco fazia resvalar a improvisada estaca. Dei a volta ao jardim, à procura doutro objeto mais capaz de servir, e vi uns caixotes de madeira que pareciam estar ali à espera deste dia: agarrei na tampa de um deles, que uma rajada súbita quase me arrancou das mãos, e regressei ao aflito pinheiro. O tamanho da tampa era exatamente o que convinha, as tábuas formariam com o tronco o mais adequado ângulo que eu teria podido desejar. Empurrei a árvore contra o vento para que ficasse aprumada, ajustei a escora por baixo do ramo que utilizara na primeira tentativa, não havia dúvida, a inclinação da tampa era perfeita. Pus-me então a acarretar pedras que fui dispondo e ajustando pelas tábuas acima, de modo a exercerem o máximo possível de pressão constante sobre o tronco. A árvore, naturalmente, continuava a mover-se ao sabor do vento, mas muito menos, e estava firme, a salvo de ver-se arrancada pela raiz. Andei a rever-me na minha obra todo o dia. Como uma criança que tivesse conseguido atacar os sapatos pela primeira vez.

2 de janeiro

Jonas Modig, atual responsável pelo grupo editorial sueco Bonniers, em que está integrada a editora Wahlström & Widstrand, que desde *Memorial do convento* tem publicado os meus livros, veio, com sua mulher, Maria, também escritora, passar uma semana a Lanzarote. Para os nossos brios de sulistas a quem a moderação dos elementos traz mal-acostumados, uma ilha varrida pelo vento, como esta tem sido nos últimos dias, não deveria ser um lugar particularmente grato a pessoas que tinham deixado para trás os frios e as neves de Estocolmo com a esperança de encontrarem aqui o paraíso. "Mas isto é mesmo o paraíso", sorriu Jonas, e Maria reforçou: "É certo que o vento tem soprado com muita força, e há dois dias choveu bastante, mas são meras insignificâncias se o compararmos ao tempo que lá temos agora. Para nós, isto é como o verão, ou melhor ainda". Estávamos a almoçar na cozinha, com a porta aberta para o jardim e, via, por trás de Jonas, os ramos mais altos da romanzeira desenhados no céu quase sem nuvens... Sim, uma espécie de paraíso. Tínhamos conversado, pouco e de passagem sobre livros, muito e seriamente sobre a desgraçada situação do mundo em que vivemos. Quando chegou a hora de partirem, Pilar pediu pelo telefone um táxi, e eu saí à estrada, não fosse dar-se o caso de o motorista conhecer mal estas paragens e não dar pelo desvio. Estava ali há poucos minutos quando um carro pequeno deu a volta à rotunda e entrou na rua. Conduzia-o um homem novo, quase adolescente ainda, que parou para me perguntar se era esta a Calle Los Topes. Respondi que sim, e, por minha vez, perguntei-lhe se procurava alguém. "Venho fazer um trabalho", disse ele, e nesse momento reparei que na parte de trás do carro havia algo como ferramentas. "Sim, a rua é esta, continua até lá ao fundo, depois vira à esquerda." O homem olhou para mim com súbita atenção e perguntou: "É José Saramago?". "Sou", respondi. Estendeu a mão direita, que apertei enquanto lhe ouvia dizer: "Obrigado, obrigado por tudo". Pôs o carro em movimento e foi-se embora, deixando-me a pensar que quando chegar a minha hora poderei ir-me deste mundo com a pequena certeza de não lhe ter feito muito mal. Ao menos...

4 de janeiro

O *The Sunday Times*, que é um jornal dominical londrino, publica hoje uma crítica elogiosa ao *Ensaio sobre a cegueira*. E como foi que este morador de Lanzarote, rodeado de mar e vento por todos os lados, soube da feliz ocorrência, tão estimulante e lisonjeira para os seus brios de autor? Muito simplesmente, como já se vai ver. O escritor e jornalista

Lustosa da Costa, constante e solícito amigo nosso que reside em Brasília, acaba de me enviar por fax a informação de que um colega seu que trabalha no Ceará, "acessando" (mais um estrambótico neologismo informático brasileiro...) na internet, havia desencantado lá a grata notícia e se despachara a comunicar-lha. Já não são precisos oitenta dias nem oitenta minutos para dar a volta ao mundo. Oito segundos bastam...

5 de janeiro

Morreu a Ilda. A Ilda era a Ilda Reis, que nos tempos de rapariga começou a sua vida de trabalho como datilógrafa dos serviços administrativos dos Caminhos de Ferro, e depois, obrigando um corpo demasiadas vezes sofredor, esforçando a tenacidade de um espírito que as adversidades nunca conseguiriam dobrar, se entregou à vocação que faria dela um dos mais importantes gravadores portugueses. Gozou dessa felicidade substituta que o êxito costuma vender caro, mas tinha-lhe fugido o simples contentamento de viver. As suas gravuras e as suas pinturas foram em geral dramáticas, cindidas, autorreflexivas, de expressão tendencialmente esquizofrénica (digo-se sem nenhuma certeza), como se teimasse ainda em procurar uma complementaridade para sempre perdida. Fomos casados durante 26 anos. Tivemos uma filha.

7 de janeiro

Levámos a Ilda ao cemitério novo de Carnide. O céu estava encoberto, choveu durante o caminho. Instalado numa encosta de suave pendente, em plataformas amplas onde não há (por enquanto?) um único jazigo, o cemitério de Carnide tem ao meio, paralelas, duas correntezas de água que vêm descendo mansamente de socalco em socalco. Como o tempo. A Ilda nunca veio aqui, mas estou certo de que também teria pensado: "Olha, é como o tempo passando". E talvez acrescentasse: "Este arquiteto tinha as ideias claras". Digo eu agora: se as almas realmente existissem, o melhor uso que poderiam fazer da sua eternidade seria virem sentar-se em lugares assim, na margem dos rios, estes e os naturais. Caladas elas, calados eles, alguma vez a chuva caindo sobre as últimas flores. Nada mais.

9 de janeiro

Deve ter sido já nas despedidas dos anos 50 que me atrevi a penetrar, com um esforço que não me beneficiou a compreensão (o Raimundo Silva da *História do cerco de Lisboa* diria que por falta de preparo), no livro de Roger Garaudy *Teoria materialista do conhecimento*, publicado em França em 1953. Não consegui levar a leitura ao fim, mas do pouco que li fiquei com a impressão de que estava ali uma obra com o seu quê de fundamental, uma bússola para orientar nas encruzilhadas ideológicas daquela época o homem de boa vontade que já então me prezava de ser. Prometi a mim mesmo que um outro dia, quando me achasse mais maduro nos saberes básicos, voltaria a penetrar no volumoso tratado, mas, por culpa de uma vida que me distraiu do alto cometimento, tal não viria a suceder. Não tenho vergonha de confessar que não recordo hoje uma só ideia ou uma só linha da *Teoria*. Veio-me agora à lembrança tudo isto ao ler a notícia de que Garaudy está a ser julgado em Paris por delito de "cumplicidade e negação de crimes contra a humanidade", expressas, uma e outra, no livro *Os mitos fundadores da política israelita*, em que contesta o genocídio cometido contra os judeus pela Alemanha nazi. Seria instrutivo conhecer, passo a passo, o percurso mental desta filosófica criatura depois de deixar de ser comunista para se tornar cristão e mais tarde islamista, tendo pelo meio uma candidatura à presidência da República que não prosperou. E agora isto.

11 *de janeiro*

Pensar que foi ministro e primeiro-ministro, pensar que aspirou à presidência da República, pensar que ainda há por aí quem o considere como uma reserva da nação, pensar que pessoas de responsabilidade intelectual não despicienda lhes deram todos os ámens quando governou, pensar que a política nacional foi capaz de gerar um fenómeno destes — leva qualquer um a desanimar de ser português. O sr. Aníbal Cavaco Silva, é ele o homem, deu há duas semanas uma entrevista ao jornal espanhol *El País*. Ignoro se foi ele quem se ofereceu à conversa (não seria o primeiro caso na história da política e da imprensa: os escritores são mais prudentes, esperam que se lhes peça, mesmo quando ardem em desejos de falar), ou se a ideia brotou (sem que se consiga saber porquê) da cabeça do diretor ou do chefe de redação do jornal. Fosse como fosse, não há motivo para felicitá-los, nem a um nem a outro, salvo que o jornalista encarregado da dolorosa tarefa algum parabém deveria receber apesar de tudo, já que ajudou o cérebro do interlocutor a produzir a declaração que se segue: "Confio mais na Europa", sentenciou o sr. Cavaco Silva, "e nas regras supranacionais do que na política económica de cada governo, incluindo o português". Lê-se, e não se acredita. Amanhã pode dar a este homem a veneta de regressar às lides partidárias e governativas (as desgraças são facilmente recidivas), pode tornar a sentar-se no cadeirão de primeiro-ministro, e depois o que é que acontece aos portugueses? O sr. Cavaco Silva telefonará todos os dias às Regras Supranacionais para que lhe deem a receita dos revulsivos económicos mais convenientes à derivação dos humores internos da lusitanidade, e essa vergonha não sei eu como a poderemos suportar. Exceto se o transformarmos a ele em Regra Supranacional, e então já poderemos proclamar com orgulho patriótico: "É supranacional, mas é nosso".

O interesse dos Estados Unidos pelo resto do planeta (refiro-me ao interesse, não aos *interesses*), tomando como indicador a percentagem de notícias internacionais emitidas pelos seus principais canais de televisão, está em declínio acentuado: baixou em 25% desde 1990. Os últimos dados, publicados por um denominado Centro de Meios de Comunicação e Assuntos Públicos, informam que a cobertura de temas internacionais pela televisão norte-americana passou de 49% em 1990 a 24% em 1997. Excluídas as viagens de Bill Clinton, a última notícia internacional que concitou a atenção dos grandes canais informativos foi a morte da princesa Diana.

14 de janeiro

Para os *Cadernos de literatura brasileira*, volumes monográficos que vêm sendo publicados semestralmente pelo Instituto Moreira Salles, de São Paulo, escrevi, acerca de Lygia Fagundes Telles, as palavras que irão a seguir. Há tempos tinham-me pedido um texto sobre Jorge Amado, mas, infelizmente, por falta de ocasião, não tive maneira de o escrever. Desta vez, a hora e o ânimo ajudaram:

"Embora ela esteja a mil léguas de o imaginar, existe um sério problema no meu relacionamento com Lygia Fagundes Telles: não consigo lembrar-me de quando, de onde e de como a conheci. Alguém me dirá que o problema (supondo haver motivos suficientes para o designar assim) não tem uma importância por aí além, que é por de mais frequente, ai de nós, confundir-se-nos a frágil memória quando lhe requeremos exatidão na localização temporal de certos antigos episódios — e eu estaria de acordo com tão sensatas objeções se não se desse a intrigante circunstância de achar que conheço Lygia desde *sempre*. Não preciso que me venham dizer que tal coisa é impossível: efetivamente, a primeira vez que este lusíada pôde viajar ao Brasil foi há uns escassos quinze anos; além disso, tem a certeza de não ter visto Lygia nessa ocasião, como também não crê tê-la encontrado antes, em qualquer das viagens que ela fez a Portugal. Mas o que aqui importa, sobretudo, é que mesmo que conseguisse determinar, com precisão rigorosa, o dia, a hora e o minuto em que apareci a Lygia pela primeira vez ou ela me apareceu a mim, estou certo de que ainda nesse caso uma voz haveria de sussurrar-me de dentro: 'A tua memória enganou-se nas contas. Já a conhecias. Desde *sempre* que a conheces'.

"Recentemente, estava eu a folhear alguns dos livros de Lygia Fagundes Telles que desde há muito (mas não desde *sempre*) me acompanham na vida, a afagar com os olhos páginas tantas vezes soberbas, quando me detive nessa autêntica obra-prima que é o conto 'Pomba enamorada'. Reli-o uma vez mais, palavra a palavra, sílaba a sílaba, saboreando ao de leve a pungente amargura daquele mel, quase tocando com os dedos a lágrima subtil da sua ironia, e num instante luminoso pensei que talvez a 'vizinha portuguesa', a mulher sem nome nem vulto que no conto prepara um reconstituinte ('A menina está que é um osso!') à sofredora mas fiel apaixonada — talvez essa mulher, simplesmente por ser portuguesa e generosa, tivesse sido, sem que eu me apercebesse na primeira vez que li a história, a causa primeira dessa outra espécie de 'vizinhança' que desde então, isto é, desde *sempre*, me pôs a morar ao lado de Lygia. O tempo tem razões que os relógios desconhecem, para o tempo não existem o antes e o depois, para o tempo só existe o agora.

"O mais interessante, em tudo isto, é que os nossos encontros têm sido espaçados, muito de longe em longe, e, em cada um deles, as palavras que um ao outro dissemos poderiam ser taxadas de tudo menos de prolixidade. Provavelmente não falamos muito porque só dizemos o que precisava de ser dito, e o sorriso com que então nos despedimos será, de certeza, o mesmo que teremos nos lábios no dia em que as voltas da vida tornarem a colocar-nos frente a frente. Recordo que quando mais tempo pudemos conviver foi num já longínquo outubro, em 1986, em Hamburgo, por ocasião de uma Semana Literária Ibero-Americana em que também participaram (sob a bênção de Ray-Güde Mertin, que nos pastoreava a todos), pelo lado brasileiro, Ignácio de Loyola Brandão, Ivan Ângelo, Lygia Bojunga Nunes, e, pelo lado português, Lídia Jorge, Teolinda Gersão, Almeida Faria e Luís de Sttau Monteiro. A Secretaria de Cultura de Hamburgo tinha-nos metido numa pensão do chamado tipo familiar que, apreciada no geral, nos pareceu de aceitável comodidade, mas que logo vimos que sofria de imperdoáveis mazelas no particular: quartos pouco maiores que uma cabina telefónica, outros, ou os mesmos, sem casa de banho própria, obrigando os irritados hóspedes, de roupão, pijama, chinelos e toalha dobrada no braço, a esperarem a sua vez no corredor. Finalmente, depois de dois dias de uma dura batalha travada por Ray-Güde contra a má vontade da gerência e a insensibilidade da burocracia municipal, os quatro ou cinco ibero-americanos mal-amados pelo deus das estalagens (eu, entre eles) foram amnistiados e transferidos para instalações mais dignas. A lembrança que conservo de Hamburgo e dos amigos lá encontrados ou reencontrados não se me apagará nunca. Participámos em sessões conjuntas, entrámos em debates, ajudámo-nos uns aos outros, rimos, folgámos e bebemos, sobretudo não dramatizámos as diferenças na hora da discussão — entre escritores portugueses e brasileiros só por má-fé e cínica estratégia alheias se instalará a discórdia. Recordo a hora do café da manhã, com o sol outonal a entrar pelas janelas. Ao redor da mesa, o riso dos novos não soava mais alto nem era mais alegre que o dos veteranos, os quais, por terem vivido mais, gozavam da vantagem de conhecer mais casos, tanto próprios quanto de estranhos. Não é ilusão minha de agora a imagem de terna atenção com que todos nós, portugueses e brasileiros, escutávamos o falar de Lygia Fagundes Telles, aquele seu discorrer que às vezes dá a impressão de se perder no caminho, mas que a palavra final irá tornar redondo, completo, imenso de sentido.

"Disse que conheço Lygia desde sempre, porém, a medida deste *sempre* não é a de um tempo determinado pelos relógios e pelas ampulhetas, mas um tempo outro, interior, pessoal, incomunicável. Foi na minha última e recente viagem ao Brasil, em São Paulo, que, conversando com Lygia sobre a memória, o pude compreender melhor que nunca. Para explicar-lhe o meu ponto de vista sobre o que chamei então a instabilidade relativa da memória, isto é, a múltipla diversidade dos agrupamentos possíveis dos seus registos, evoquei o caleidoscópio, esse tubo maravilhoso que as crianças de hoje desconhecem, com os seus pedacinhos de vidro colorido e o seu jogo de espelhos, produzindo a cada movimento combinações de cores e de formas variáveis até ao infinito: 'A nossa memória também procede assim', disse, 'manipula as recordações, organiza-as, compõe-as, recompõe-as, e é, dessa maneira, em dois instantes seguidos, a mesma memória e a memória que passou a ser'. Não estou muito seguro quanto à pertinência da poética comparação, mas hoje retomo o caleidoscópio e a poesia para, de uma vez, tentar explicar por que insisto em dizer que conheço Lygia desde *sempre*. Apenas porque acho que ela é aquele pedacinho de vidro azul que constantemente reaparece..."

15 de janeiro

Nunca os portugueses são tão inflamados patriotas como quando exercitam retrospetivamente o sistema muscular do seu patriotismo. Que o Fundo Monetário Internacional meta o nariz nas nossas contas, que a União Europeia nos governe sem que alguma vez nos tivesse perguntado se estávamos de acordo, que a Aliança Atlântica, regida pelos EUAN (a sigla de Estados Unidos da América do Norte que em boa lógica deveria ser usada) com vista à exclusiva proteção dos seus interesses, entre por aí apontando e disparando como se estivesse no Texas — isso, aos bravos portugueses, novos e velhos, não importa nem importaria: tudo é, ou seria, para nosso bem. Mas a Espanha que não se lembre de tocar, nem que seja ao de leve,

nas cicatrizes com que deixou marcado o corpo histórico lusitano. Então levantar-se-ão como um só homem os patriotas de serviço, farão ressuscitar Afonso Henriques, Nuno Álvares Pereira, Brites de Almeida e a Ala dos Namorados em peso, e, de espada ou pá em punho, farão recuar para a fronteira as espavoridas hostes castelhanas... Aí os temos, pois, uma vez mais, coléricos, indignados, a arder em santo amor pátrio, por culpa do comissário espanhol nomeado para a Expo'98, autor do delito gravíssimo de oferecer uma gravura que representa a entrada de Filipe II em Lisboa... "Aqui d'el-rei, que nos insultam na nossa própria casa!", bramaram os arrebatados defensores da pátria, esquecidos de que em 1992 tínhamos levado à Exposição de Sevilha, como Vasco da Graça Moura caridosamente veio recordar, um imponente painel representando a batalha de Aljubarrota, sem que isso tivesse ofendido ou ferido as suscetibilidades dos espanhóis.
O ridículo não é uma doença mortal, mas cá em casa parece ter-se tornado incurável.

17 de janeiro

Inaugurando as comemorações do centenário do nascimento de Federico García Lorca, os reis de Espanha andaram ontem a visitar os chamados "espaços lorquianos". Estiveram em Fuente Vaqueros, onde Federico nasceu, depois em Valderrubio, onde, entre os anos de 1909 e 1925, a família Lorca passou largas temporadas, e onde se deu o facto real que viria a inspirar ao poeta o drama *A casa de Bernarda Alba*, depois em Pinos Puentes, e finalmente em Granada, na Huerta de San Vicente. Só não foram ao sítio onde García Lorca foi assassinado pelos franquistas, na estrada de Granada a Viznar. Não consigo fugir a uma incómoda sensação de perplexidade. Que misteriosas razões de Estado (se as houve), que regras protocolares (supondo que tenha sido esse o motivo), que inconveniências de ocasião (não certamente a falta de tempo), terão desaconselhado ou impedido os reis de Espanha de acrescentar ao itinerário essa outra pequena viagem que os levaria ao lugar do crime? Se na Huerta de San Vicente se deram ao trabalho de plantar um cipreste ao lado do que o poeta plantou nos anos 20, não poderiam ter ido deixar uma simples flor na berma daquela estrada?

Aqui há alguns dias, a propósito de outro centenário, o do manifesto de Émile Zola, *J'Accuse*, alguém do jornal *El Mundo* telefonou a perguntar-me que coisas ou pessoas acusaria eu neste tempo em que vivemos. Respondi que denunciaria (é o que, com as minhas fracas forças, mas sem efeitos que se notem, intento fazer todos os dias) o poder económico e financeiro transnacional que anda a fazer de nós o que quer. A resposta foi publicada hoje, juntamente com as de oito escritores espanhóis, a saber, Gabriel Albiac, Gustavo Bueno, Antonio Escohotado, José Agustín Goytisolo, Eduardo Haro Tecglen, Luis Racionero, Fernando Savater e Eugenio Trías. Não valeria a pena registar o facto se não se desse o caso de o *El Mundo* ter informado os leitores de que se tratava das opiniões de *nove* pensadores espanhóis. Aplicada a esta pouco sapiente pessoa, a designação de "pensador", por si só, já daria que falar em Portugal se a notícia lá chegasse, mas o que não se clamaria vendo que estão a chamar-me "espanhol" como se se tratasse de coisa natural e definitivamente assente. Que os meus compatriotas se tranquilizem: muito mais estranho do que isto foi dizer-se de alguém, como chegou a ser moda, que era um "cidadão do mundo". No caso presente não passou de um sinal de que me querem bem nesta parte do dito...

18 de janeiro

Dei o título de "A mão que embala o berço..." ao artigo que escrevi hoje para a revista *Visão*:
"A mão que embala o berço governa o mundo... Parece de todo evidente que para o desconhecido criador desta virtuosíssima sentença (desconhecido por mim, entenda-se, que pelo nome o hão de conhecer pessoas mais afortunadas), a história do género humano foi como uma inundação de berços espalhando-se por todo o globo terráqueo, fabricados de distintos materiais conforme as posses e os gostos, e embalados por mãos de distintas cores, consoantes as condições e as raças. Podia a mão embaladora ter sido a da ama ou da criada, da tia ou da avó, podia o próprio pai ter dado, como se costuma dizer, uma ocasional 'mãozinha' à operação de adormecimento do infante — a Mão, por antonomásia, foi, neste caso, e sempre, a da mãe. Portanto, nada mais claro: desde a primeira Eva que as nossas mães andam a governar o mundo, embora tenhamos de

reconhecer que nem todos os filhos, deixados por aí, têm ou tiveram motivos para lhes agradecer.

"A sentença, claro está, não passa de um abuso do sentimento, de uma ratoeira da lágrima, é, ela própria, um embalo soporífico. Mas isso não quer dizer que o berço, a mão e o sono não sejam reais. Em todas as épocas (deixemos as mãos em paz, pobres delas) sempre houve algo ou alguém para nos embalar e governar: com as suas promessas de eternidade nos embalou e governou a religião, com duvidosas gerências do presente e algumas ideias imprecisas sobre o futuro embalaram-nos as ideias políticas e acreditaram governar, mas, umas e outras, ao menos, procediam como se cressem, não apenas numa íntima e predestinada necessidade dos objetivos a que se propunham, mas também numa intrínseca e peculiar adequação dos meios à realidade, mesmo quando esses meios significaram sacrifício, violência e opressão. As grandes mentiras são as primeiras a acreditar profundamente nos enganos que proclamam como verdades.

"É outra a mão que nos embala e adormece agora. Nas suas mais baixas manifestações, o chamado comportamento hedonista (com perdão de Epicuro), que antes, na vida corrente, havia sido exceção, tornou-se em regra universal ou a caminho de o ser. As necessidades supérfluas encontram hoje mais fácil e mais rápida satisfação que certas necessidades fundamentais básicas. Aparentemente convertidos em senhores do espaço e do tempo pela capacidade de manejar um teclado de computador, circulamos pelas autoestradas da informação e da comunicação, podemos, sem sair de casa, embasbacar nos grandes museus, assistir aos grandes espetáculos sem precisar de aplaudir, aceder às grandes bibliotecas para ler o que porventura já tínhamos nas nossas prateleiras — mas o ensino, por exemplo, prioritária necessidade, não ensina. Porque não quer, ou porque não sabe, ou porque não o deixam. Ou talvez porque, simplesmente, tenha deixado de ser possível (se o foi algum dia) ensinar a toda a gente... Dizem-nos que a formação contínua lá estará depois para curar os males e preencher as carências, assim se insinuando, subliminalmente, que os programas e os professores da formação, só pelo facto de o serem, farão o trabalho educativo que o simples trabalho escolar quotidiano não havia logrado. Os hipermercados não tomaram apenas o lugar das catedrais, eles são também as novas escolas e as novas universidades, abertas a maiores e a menores sem distinção, com a vantagem de não exigirem exames à entrada ou notas máximas, salvo aquelas que na carteira se contiverem e o cartão de crédito cobrir. O grande subministrador de educação do nosso tempo, incluindo a 'cívica' e a 'moral', é o hipermercado. Somos educados para clientes. E é essa a educação básica que estamos a transmitir aos nossos filhos.

"Não nos iludamos, porém, não atiremos pedras a alvos só porque estão perto. O hipermercado, a simples loja de secos e molhados, são apenas lugares de comércio aonde é preciso ir para nos abastecermos do necessário à vida. Não é a mão do hipermercado que nos anda a embalar, porque, na realidade, já íamos a dormir quando nele entrámos.

Dormíamos na rua, dormíamos no trabalho, dormíamos em casa, dormíamos a ler o jornal, dormíamos no estádio de futebol, dormíamos no teatro, dormíamos no cinema. Estamos todos deitados num berço que se move suavemente, e há uma voz que murmura ao ouvido do mundo: 'Dorme, dorme tranquilo, que nós te governaremos. Sobretudo, não sonhes, não sonhes, não sonhes, não sonhes…'. E nós, obedientes, dormimos e não sonhamos."

19 de janeiro

Chega-me aqui a notícia da morte de Maria Judite de Carvalho. Nunca li uma página sua que não pensasse na pessoa que a tinha escrito. E creio que ela o queria assim. Que o leitor compreendesse que do outro lado não havia estado apenas uma escritora, mas sim alguém que, conhecendo como raros a arte do conto e as íntimas ressonâncias de cada palavra, usava essa arte e esse sentido musical para dizer quem era. Com obstinação, mas também com simplicidade e discreta reserva. Como Irene Lisboa, ao lado de quem a história da literatura lhe guardará lugar, o alcance da sua voz era o espaço do coração. O ser que foi Maria Judite de Carvalho já não pertence ao mundo dos viventes, mas podemos encontrar nos seus livros tudo o que ela quis que da sua pessoa se soubesse.

20 de janeiro

Ray-Güde Mertin dá-me notícias de Israel. Uma adaptação "monodramática de O *Evangelho segundo Jesus Cristo*, com o título *Ha'Abashel Yeshu* (Pai de Jesus), feita por Ztadok Ztemah, foi entregue à Nova Ópera de Israel, cuja diretora artístisca, Hanna Mintz, se terá mostrado interessada. Outros dois teatros receberam também cópias da adaptação, mas, porque pretendem um texto com mais personagens, Ztadok Ztemah vai reescrever a peça. Veremos o que tudo isto irá dar...

Entre o tempo que vivi na rua Fernão Lopes, ao Saldanha, tinha então seis anos, e depois na rua Heróis de Quionga, à Morais Soares, até aos dez, já com o exame de segundo grau primário satisfatoriamente cumprido (saí aprovado com distinção...), duas "vivências culturais" (para lhes chamar assim) me impressionaram a imaginação. De uma delas falei já (v. *A bagagem do viajante*, "Molière e a Toutinegra"), que foi a leitura, muitas vezes repetida, de uma passagem de um velho guia de conversação de francês-português (só lia, claro está, as traduções) e que era, nada mais nada menos, que parte de uma cena de *Le Bourgeois gentilhomme*, aquela em que o sr. Jourdan se assombra ao perceber que andava a fazer prosa desde que tinha nascido (fica explicada a razão de me vir tantas vezes este Jourdan à escrita e ao discurso). A outra "vivência" foi os desenhos de alguém que se chamava Amadeo de Souza-Cardoso, publicados, se a memória não me falha, na *Ilustração Portugueza*. Eram umas figuras como eu nunca vira, um cavalo branco e um cavalo preto galopando sem tocar com

as patas no chão, uns galgos a correr atrás de coelhos, uns
falcões que mais pareciam flamingos (a comparação é de agora,
nessa altura não sabia o que fosse um flamingo), uma cavaleira
e um cavaleiro, um castelo torto, uma mulher nua num terraço
inclinado, tudo desenhado em traços que pareciam de outro
mundo. Realmente era outro mundo. Assomei-me a ele quando
tinha uns sete anos, precocidade que deixa a perder de vista os
espanhóis de Madrid que só agora, quase setenta anos depois
de mim, vão pôr os olhos na obra de Amadeo. Também é caso
para perguntar em que teríamos andado a pensar para só agora
trazer a Espanha uma exposição antológica daquele a quem
o crítico Francisco Calvo Serraller chama "um notabilíssimo
pintor, imprescindível para entender os momentos aurorais
da vanguarda internacional"...

22 de janeiro

Alguns dados estatísticos de Chiapas para ajudar à
compreensão do mundo. Além de ser o primeiro produtor de
café e bananas, o segundo em mel e cacau, o quarto no setor
pecuário, além de gerar 46% da energia elétrica do país, é em
Chiapas que se encontram os mais importantes jazigos de
hidrocarbonetos do México, com reservas que se calculam
entre 20 mil milhões e 60 mil milhões de barris. Apesar destas
riquezas, 60% da população (quase 1 milhão de habitantes)
não aufere ganhos ou ganha menos que o salário mínimo,
o analfabetismo atinge 30%, variando entre 50% e 70% nas

áreas indígenas. Para onde vai, pois, o dinheiro, se não tem sido posto ao serviço do desenvolvimento de Chiapas? Que representam os indígenas em tudo isto? Um funcionário do governo mexicano, um tal Hank González, a quem temos de reconhecer o mérito da franqueza, ainda que brutal, se não preferirmos antes denunciar-lhe o cinismo, acaba de dar a resposta: "Sobram 5 milhões de camponeses", disse ele. Este é o problema que o neoliberalismo triunfante quer resolver de modo radical: fazer desaparecer aos poucos (um genocídio à escala planetária causaria demasiado escândalo), retirando-lhes ou negando-lhes condições mínimas de vida, as centenas de milhões de seres humanos que sobram, sejam eles índios da América ou índios da Índia, ou pretos da África, ou amarelos da Ásia, ou subdesenvolvidos de toda a parte. O que está em preparação no planeta azul é um mundo para ricos (a riqueza como uma nova forma do arianismo), um mundo que não podendo, obviamente, dispensar a existência de pobres, só admitirá conservar os que forem estritamente necessários ao sistema.

23 de janeiro

Provavelmente, a verdadeira história da Igreja católica será a única que nunca chegará a ser contada. O Vaticano acaba de abrir ao público (sob regulamentação estrita e mediante solicitação concreta) os arquivos referentes à Inquisição no período que vai de 1542 a 1902. Sabe-se já que desapareceram, graças aos estragos e acasos do tempo, aos insultos dos vermes e dos roedores, às múltiplas depredações da guerra e do saque, mas também à ação deliberada dos próprios guardiães do "tesouro", muitas centenas de milhares de manuscritos sobre as torturas, as mutilações e as queimas de hereges impunemente cometidas pelo Santo Ofício. Não se encontra (é só um pequeno exemplo) o processo de Galileu Galilei, condenado por afirmar que a Terra gira ao redor do Sol, nem tão pouco se sabe onde para o processo de Giordano Bruno, queimado na fogueira por heresia. Em compensação, tivemos conhecimento de que a Bíblia chegou a estar incluída no *Índice dos livros proibidos*, e que, pelo "crime" nefando de não estarem escritos em latim, língua oficial da Igreja, foram queimados milhares de exemplares dela... Hans Küng, o perseguido teólogo suíço a quem nunca foi permitido ver a ficha que tem na Inquisição (está registada sob o número 399/57), diz que bem mais importante que esquadrinhar papéis de séculos passados seria investigar os deste século. Ficaríamos a conhecer (outro exemplo), no caso de tais documentos não terem sido também destruídos, algumas verdades sobre o fundo inquietante dos comportamentos (tanto os silêncios como as cumplicidades) da Igreja católica perante o fascismo e o nazismo. Ou mesmo sobre o franquismo e, já agora, uma vez que os portugueses também são filhos de Deus, sobre o salazarismo.

    Há tempos o filósofo catalão Xavier Rupert de Ventós publicou no *El País*, com o título "A favor del 'pensamiento único'", um artigo que me causou uma forte impressão de desagrado, sobretudo porque, talvez por falta de atenção minha, outros textos do autor, avulsamente lidos, não me tinham preparado para a tese insólita que neste defende, ao equiparar (simplifico, mas não deturpo) a ideia de mercado à ideia de contrato social de Rousseau, que considera um exemplo de "pensamento único". Lamentei então com os meus botões não entender das matérias o bastante para responder cabalmente ao que me pareceu um uso algo perverso do talento de argumentar, e resignei-me a esperar que saísse alguém à estacada e pusesse as coisas nos seus lugares. Passaram três meses, e aconteceu enfim o que desejava. "A vueltas con el 'pensamiento único'" intitula-se o artigo (publicado no *El País* de hoje) de Augusto Klappenbach, professor de filosofia de *bachillerato*, período do curso médio mais ou menos equivalente ao nosso ciclo complementar. É o artigo que eu teria escrito se tivesse sabido escrevê-lo... Começa Klappenbach por chamar a atenção de Rupert de Ventós (e do leitor) para a incompatibilidade dos termos *pensamento* e *único*, e aclara: "A união dos dois termos constitui o que os antigos chamavam *contradictio in adiecto*, isto é, a atribuição a um substantivo de um adjetivo que contradiz o seu significado. O pensamento, para o ser, não pode renunciar ao seu trabalho crítico, que implica a confrontação permanente com outros pensamentos, sem cair em escolasticismos que o convertam numa repetição mecânica de doutrinas consideradas inquestionáveis [...]. Não houve na história nenhum absolutismo que não procurasse a sua legitimação em algum *pensamento único*, desde a doutrina do direito divino dos reis, passando pelo contratualismo de Hobbes e acabando

(acabando?) na ideologia do neoliberalismo em voga". Com uma clareza que refresca o espírito, Klappenbach prossegue: "A doutrina do *pensamento único* é outra variante do anúncio do *fim da história* e da *morte das ideologias*: a história terminou, dizem os novos profetas, porque o liberalismo se impôs como 'o último passo da evolução ideológica da humanidade e da universalização da democracia liberal como forma final de governo humano' (Fukuyama *dixit*). Deste ponto de vista, a morte das ideologias só se refere àquelas que não coincidam com a própria: a ideologia liberal não pretende apenas o triunfo definitivo, quer também o definitivo aniquilamento dos seus adversários". Mais adiante: "Uma das ideias (do artigo de Rupert de Ventós) consiste em supor que a ideia de mercado abre um espaço de pluralidade, tolerância e universalidade, 'sem doutrina nem Estado interpostos'. Além de supor gratuitamente que essa ideia não supõe nenhuma 'doutrina', tal associação implica associar, como frequentemente se ouve, a ideia de mercado com a de democracia. Nada mais falso: ao contrário do contrato social de Rousseau [...], o mercado goza do privilégio de exercer o poder subtraindo-se por completo à vontade dos cidadãos. As decisões tomam-se à porta fechada e não nos parlamentos; a planificação da economia (a economia é sempre planificada) responde aos interesses de gestores de um poder que ninguém lhes concedeu e que não têm de prestar contas das suas decisões a ninguém. E com a vantagem adicional do anonimato. A diluição do Estado não supõe a abertura de maiores espaços de liberdade, mas sim o deslocamento do poder para zonas cada vez mais opacas".

Uma última citação: "Creio que Rupert de Ventós cai numa das armadilhas mais perigosas do *pensamento único*: há que escolher entre o mercado e o regresso aos modelos fracassados do Leste da Europa, entre a liberdade e o mais cru estatismo. Trata-se do velho truque de construir artificialmente um inimigo contra o qual resulte fácil lutar. Aceitar esta alternativa implica cair na preguiça mental que caracteriza a atual situação da esquerda: em lugar de recolher criticamente a experiência do passado e atrever-se a elaborar um projeto que desenvolva as velhas aspirações de justiça e igualdade que marcaram o pensamento progressista (o que Rousseau fez no seu tempo), prefere aceitar a omnipotência do mercado e limitar-se a corrigir os seus desvarios com tímidos matizes de conteúdo humanitário".

Palavras como punhos. Desgraçadamente, a esquerda, além de ter deixado de pensar, perdeu o hábito da leitura...

26 de janeiro

O milagre de Milão de Vittorio De Sica passou na televisão. Que longe estávamos, em 1950, do "pensamento único"...

28 de janeiro

Esta manhã acordei a pensar em José Donoso. Não creio ter sonhado com ele, ou talvez sim, mas sei que durante alguns minutos me debati com a impressão perturbadora de que lhe havia ficado a dever algo. Que terá sido, que não terá sido, ocorreu-me que seria por ter-me desentendido das palavras que fui ler a Santiago de Chile quando da comemoração nacional dos setenta anos do autor de *El obsceno pájaro de la noche*. Deixara-as por aí, misturadas com mil outros papéis, em lugar de as passar a estes *Cadernos*, como teria sido próprio. Resolvo fazê-lo agora, porém (outra perturbadora impressão), não tenho a certeza de ser *só isto* o que estava a dever a Donoso. Eis, na íntegra, o que, com o título de "José Donoso e o inventário do mundo", li na Universidade de Santiago:

"*Me gustaría hablar de música, por ejemplo. Pero en el fondo pienso que hacerlo sería una frivolidad*. Esta frase disse-a Judit a Mañungo num momento da sua travessia noturna de Santiago, nessa noite fantástica que não queria acabar, que parecia ir retomando, uma após outra, cada hora vivida, para que não se perdesse, no abismo do irrecuperável tempo que passou, um só minuto sem a palavra, o gesto, o pensamento que lhe dariam sentido. Judit não falará de música porque o sentido do mundo, nesses dias, é precisamente o de não ter música. Há onze anos que Neruda está morto, e Matilde Urrutia, a última guardiã dos seus ecos, acaba de entrar, por sua vez, no silêncio da ausência definitiva.

"Nascemos e imediatamente começamos a aprender as palavras, depois recriamo-las usando-as, desenhamos a sua imagem em papéis, e, mais tarde ou mais cedo, perceberemos que elas são, em si mesmas, música. Compreenderemos que um livro é como uma partitura, que a fala é como uma melodia ansiosa e inesgotável. Escrevendo ou falando, a nossa aspiração, ainda que o não queiramos reconhecer ou de tal não sejamos conscientes, será sempre chegar àquilo a que, sem nenhum rigor, chamarei a *coda* vital, esse instante supremo em que julgaremos ter explorado até ao limiar do inefável os recursos da nossa própria sonata. Ora, sendo as palavras tantas e as músicas tão cruzadas, o mais fácil ainda é afirmar que muitas dessas palavras são inúteis, que muitas dessas músicas não merecem ser ouvidas. Talvez seja assim, talvez não. Tomamos um romance qualquer e dizemos: 'Estão aqui 100 mil palavras, é impossível que todas sejam necessárias por igual, que todas estejam carregadas do mesmo grau de necessidade'. Aparentemente, nada mais certo. Mas como poderemos nós, pergunto, ter a certeza de que as palavras que considerámos inúteis ou desnecessárias o irão ser sempre, supondo que já o seriam quando como tal as classificámos? Aquelas seis palavras que dizem '*en un lugar de la Mancha*' são, sem dúvida, das mais famosas que se escreveram desde que o mundo é mundo. Mas serão por isso mais indispensáveis do que '*pique la tordilla y póngase a salvo*', como aconselha o Cavaleiro da Triste Figura ao Cavaleiro do Verde Gabão na página 524 da minha edição do *Quijote*? Quem nos diz que essas outras palavras de Cervantes, na aparência insignificantes, escritas sem mais preocupação que a de satisfazer a lógica conflitiva de um episódio menor, não estarão destinadas, um dia, a tornar-se divisa de prudentes num mundo de gente timorata? As palavras dizem sempre mais do que imaginamos, e se não parecem dizê-lo num momento determinado, é só porque a sua hora ainda não chegou.

"Aquelas palavras de Judit, o mais certo foi tê-las escrito José Donoso sem pensar, surgiram-lhe ao correr da pena, e estão ali como um remate figurado, 'literatizante', do discurso seco e objetivo que as precedeu. Creio que facilmente estaríamos de acordo em que *La desesperanza*, sem elas, seria exatamente igual ao que é. De facto, que importância poderia ter subtrair dezassete palavras de 100 mil? Que poderão dizer 100 mil palavras que não o digam 99 983? E, contudo, atrevo-me a dizer que essas dezassete palavras que considerámos desnecessárias são a tal ponto essenciais que bem poderia Donoso passar a usá-las como epígrafe de toda a sua obra, como uma divisa, a divisa de uma consciência mortal ungida pela verdade.

"Tal como sucede com os indivíduos, a expressão autêntica da decadência duma classe social, pela própria complexidade ideológica e psicológica dessa mesma decadência, só *de dentro* poderá ser eficazmente manifestada. Um observador estranho, por muito analítico e perspicaz que fosse, apenas seria capaz de descrever, presume-se que com exatidão, os sinais decadentes exteriores, aquilo que ainda restasse dos triunfos de antes, a evidência das misérias de agora, mas jamais o mal-estar mental profundo que devora o que ainda se conserva da substância vital do corpo enfermo, jamais o medo gerado pela culpa e que implacavelmente a irá multiplicando até a tornar insuportável. Só o aristocrata Giuseppe Tomasi, príncipe de Lampedusa, poderia ter escrito *Il gattopardo*, só o juiz Salvatore Satta, conhecedor das leis da vida, paixão e morte dos homens e mulheres da sua classe, poderia ter escrito *Il giorno del giudizio*.

Foi *de dentro* que um e outro escreveram o que, em ambos os casos, é lícito denominar 'testamentos' das respetivas classes de origem. De facto, só o ponto de vista *de dentro* facilitará a circularidade de observação exigida na hora de redigir um documento como esse, de características finais, seja de uma classe ou de uma pessoa.

"Não darei aqui nenhuma novidade dizendo que os livros de José Donoso são também, no âmbito das circunstâncias objetivas e subjetivas da história social e política do Chile e das suas classes alta e média nos últimos quarenta anos, um olhar *de dentro*. Por isso mesmo é um olhar sem complacência, impiedoso, que em nenhum momento se deixará distrair pelas seduções deliquescentes com que costumam adornar-se as decadências, sempre facilmente romantizáveis. Ainda que seja tão apaixonadamente romântico o temperamento do escritor e, talvez, do homem. Creio ser exato dizer que em Donoso coexistem, porém não pacificamente, o realismo de uma razão que se move retamente em direção à fria objetividade e o romantismo convulso de um sentimento desesperado da realidade. O resultado veio a ser a obra transcendente e vertiginosa a que hoje rendemos homenagem.

"Disse antes que a obra de José Donoso analisa, pela via da literatura, a situação social e política do Chile nos últimos decénios, centrada particularmente nas suas classes média e alta. Poderia ser, no seu conjunto, e de modo algum é restritivo dizê-lo desta maneira, uma obra construída segundo os padrões fundamentais de um realismo crítico que, aliás, encontra plena realização, por exemplo, no romance *Este domingo*. A obra de Donoso (refiro-me ao conjunto dela) nada mais necessitaria para ser importante, mas faltar-lhe-ia a dimensão de vertigem e transcendência, mutuamente potenciadas, a que aludi. Vertigem e transcendência são, pois, segundo este modo de entender, os fatores valorativos superiores que deram à obra de José Donoso o seu carácter eminentemente singular.

"Porém, atenção, a vertigem não lhe advém de laboriosas experimentações formais no domínio da linguagem, a que efetivamente não recorre, embora seja de salientar o que há de resolutamente revolucionário no seu trabalho sobre as estruturas externas do romance. Também a transcendência não deverá ser percebida aqui como uma presença metafísica, explícita ou insinuada, de qualquer tipo. Nos romances de Donoso não existe Deus, ou existe tanto menos quanto mais o mencionem ou invoquem. Esta vertigem e esta transcendência são só humanas, terrivelmente humanas. A vertigem do homem donosiano é causada pela descarnada observação de si mesmo, a transcendência é a miragem produzida pela consciência obsessiva da sua própria imanência.

"Não deverá surpreender, portanto, que em Donoso predomine uma atmosfera narrativa de raiz expressionista, muito mais acentuada, em minha opinião, que as tonalidades esperpênticas igualmente presentes na sua obra.
O extraordinário romance que é *El obsceno pájaro de la noche* tem no cinema, se não me equivoco demasiado, um parente ontológico próximo, e esse é *O gabinete do dr. Caligari*, de Robert Wiene. Não importa que os eventos narrados nada

tenham em comum. Mas, numa obra e na outra, o que se exibe é o mesmo imundo e obsceno abismo, um precipício que atrai o leitor e suga o espectador, como se estivessem a ponto de precipitar-se no interior infinito de um óculo posto ao contrário. Os corredores tortuosos, os pátios viscosos, as portas falsas, as escadas suspensas, os sonâmbulos dormitórios da Casa de Ejercicios Espirituales de la Encarnación de la Chimba não foram postos ali como um modelo em escala reduzida do sistema planetário humano, são a sua própria *suma*. Sucessivamente, como em uma *mise en abyme*, o mundo contém Chile, Chile contém Santiago, Santiago contém a Casa, a Casa contém o Mudito, e dentro do Mudito não há nenhuma diferença entre o Tudo e o Nada.

"Quando, no princípio desta minha tentativa de análise, forçosamente breve e certamente frustrada, depois de ter citado as palavras de Judit, me referi àquela noite 'que parecia ir retomando, uma após outra, cada hora vivida', aflorei já aí o que se me afigura serem duas das principais características do processo narrativo donosiano: em primeiro lugar, o que chamaria igualização e fusão do passado, do presente e do futuro em uma só instável, deslizante unidade temporal; em segundo lugar, como consequência lógica extrema, a suspensão, a paralisação do próprio tempo. Um leitor medianamente atento dirá: 'O que sucede em *La desesperanza*, desde a chegada crepuscular de Mañungo até ao momento em que Judit adormece abraçada à cadela morta, não poderia caber em uma noite'. Aparentemente tem razão esse leitor. Porém, teremos de dizer-lhe que a noite de *La desesperanza* não é a *sua* noite, mas sim um outro tempo em que as horas, os minutos e os segundos como que se expandem e contraem numa mesma palpitação, modo que se diria intuitivo de solucionar a contradição que ali parece existir: a percepção de um conteúdo que em cada momento se reconhece maior que o seu próprio continente.

"Com uma ambição que deixa na sombra a de Josué, que fez parar o Sol pelo espaço de quase um dia para poder vencer a batalha, Donoso para o tempo para fazer o inventário do mundo. Esse teria sido o décimo trabalho de Hércules, se a vocação do semideus não o orientasse de preferência para manifestações diretas de força bruta. Acresce que não faltam motivos para crer que o mundo grego clássico estaria muito menos povoado de detritos que o nosso... Perguntareis: porquê uma referência aparentemente mais ligada à ecologia que à literatura? Precisamente porque a humanidade, por quando e onde quer que se tivesse dispersado, cobriu e continua a cobrir o mundo, não apenas de nobres ou infames ruínas materiais, mas dos sobejos mentais resultantes da passagem das gerações, não só aquilo a que chamamos lixo e desperdício, mas também os restos das doutrinas, das religiões, das filosofias, das éticas que o tempo desgastou e tornou vãs. Dos sistemas desmantelados por outros sistemas e que outros sistemas hão de desmantelar. Dos contos, das fábulas, das lendas. Dos amores e dos ódios. Dos costumes obsoletos. Das convicções fortes subitamente renegadas. Das esperanças mortas que logo renasceram. Das felicidades possíveis, e outras que não se esperavam. Enfim, os restos de Deus e os restos do

Diabo. E também o corpo — por favor, não nos esqueçamos do corpo —, lugar de todo o prazer e de todo o sofrimento, princípio e fim reunidos, convivendo um com o outro em cinco litros de sangue e em um quilo e meio de cérebro.

"O inventário da Casa é, pois, o inventário do mundo. Assim como em *La desesperanza* temos dificuldade em conceder que todos aqueles atos e palavras caibam nas poucas horas que se contam entre um crepúsculo e uma alvorada, também diríamos que na Casa de *El obsceno pájaro de la noche*, por enorme, por desmesurada que seja, arquitetura tão demencial como a do *Gabinete do dr. Caligari*, seria impossível uma tal acumulação de seres que mal se equilibram no passadiço entre a vida e a morte, de objetos de uma variedade e inutilidade infinitas. Ora, não só essa acumulação não é impossível, como do ponto de vista de José Donoso é de uma lógica impecável. Debaixo das camas das velhas, nos mil desvãos da Casa, no sótão e nas caves, nos armários insondáveis, debaixo das montanhas de trapos, o que se oculta é um mundo que estava por inventariar e explicar, um mundo de seres e de restos em que faltava colocar todos os nomes, definir todos os atributos, até à exaustão. E como para isso não poderiam bastar uma e muitas vidas, pois cada uma delas acrescentaria, por sua vez, restos a restos, não teve José Donoso outro remédio que parar o tempo, subverter a duração, operar simultaneamente, em Santiago e na Casa, com os fusos horários de todo o circuito do mundo... O que equivale a dizer que o leitor atento não tinha razão. Do máximo ao mínimo, todo o universo está presente no segundo em que pronunciarmos a palavra que o diz. Como a Casa, as Velhas, o Mudito.

"E agora chegou o momento da vertigem absoluta, quando o que está em cima é igual ao que está em baixo, quando não há mais norte, nem sul, nem este, nem oeste, quando os olhos olham por cima do parapeito e não contemplam mais do que a ausência de si mesmos. A última Velha, a que não terá nome, pôs ao ombro o saco feito de mil sacos, a serapilheira recosida de serapilheiras onde o Mudito foi encerrado com todos os detritos da Casa, com todos os restos do mundo, e atravessou a cidade em direção ao rio, imagem do tempo que enfim começa a mover-se. Sentou-se ao lado de uma fogueira que esmorece, lançou à débil chama papéis, desperdícios, mas o fogo reavivado durará pouco. Então, *'la vieja se pone de pie, agarra el saco, y abriéndole lo sacude sobre el fuego, lo vacía en las llamas: astillas, cartones, medias, trapos, diarios, papeles, mugre, qué importa lo que sea con tal que la llama se avive un poco para no sentir frío, qué importa el olor a chamusquina, a trapos quemándose dificultosamente, a papeles. El viento dispersa el humo y los olores y la vieja se acurruca sobre las piedras para dormir. El fuego arde un rato junto a la figura abandonada como otro paquete más de harapos, luego comienza a apagarse, el rescoldo a atenuarse y se agota cubriéndose de ceniza muy liviana, que el viento dispersa. En unos minutos no queda nada debajo del puente. Sólo la mancha negra que el fuego dejó en las piedras y un tarro negruzco con asa de alambres'*. Cosido e atado por todos os lados, o saco em que Mudito foi encerrado é, se bem entendi, a metáfora do encerramento do próprio mundo. Quando o tempo, enfim, se puser em movimento e o saco for aberto, e aquilo que nele se continha — tudo — lançado fora, compreenderemos, resignados, que a vida não é senão uma promessa de cinzas.

"Anos depois, José Donoso virá a escrever um romance a que chamará *La desesperanza*, mas a desesperança, o desespero, eram já isto. Não ponhamos as culpas, porém, no autor de *El obsceno pájaro de la noche*. Tal como outros grandes escritores — Dostoiévski e Kafka são exemplos dessa particular relação com *la durée* —, Donoso *apenas* parou o tempo... Ele nos dirá se não o fez para que tivéssemos tempo de pensar se somos humanos verdadeiramente. Pensámo-lo? Somo-lo?"

4 de fevereiro

Madrid. Casa cheia no Círculo de Bellas Artes para a apresentação da tradução espanhola de *Todos os nomes*. Subiram ao palco a atriz Pilar Bardem, que leria com intenção e tom justo algumas passagens do romance, a escritora Almudena Grandes, que haveria de comentar a obra, outra Pilar, a minha, a del Río e Saramago, para discorrer sobre as alegrias e os tormentos de traduzir com o autor a olhar-lhe por cima do ombro, e Juan Cruz, que estava de oficiante. E também, claro está, ao meio como uma jarra de flores, o grato beneficiário da reunião de todas estas pessoas, isto é, eu próprio. Disse que Almudena Grandes haveria de comentar o livro, mas o certo é que o mais substancial da sua intervenção não chegou ao conhecimento do público, porquanto, levado pela veemência com que sempre exerce de moderador, Juan Cruz adiantou que o debate ganharia em vivacidade se ela deixasse sem leitura o que levava escrito e opinasse sobre a corda do improviso. Assim se fez, mas, embora não se tivesse falado mais no caso depois de terminada a sessão, não custa nada perceber que Almudena teria preferido ler as palavras que escrevera sobre o livro de um colega e amigo. Essa é uma boa razão (não faltariam outras) para que transcreva aqui um trecho da sua pertinente reflexão. Ei-lo:

"O sr. José, escriturário na Conservatória Geral do Registo Civil, tem tanto em comum com o Bartleby de Melville que a comparação resulta obrigatória. No entanto, a mim lembra-me mais outra criatura literária, a minha personagem favorita de um dos meus romances favoritos, o irresistível Mr. Wemmick, empregado no escritório de um grande advogado em *Grandes esperanças* de Dickens. Pip, o protagonista, vai descobrindo, de surpresa em surpresa, que esse homenzinho manso e servil que passa as horas fechado num cubículo, quase sem ver a luz do sol, tem um sonho, e está disposto a ir muito longe para o defender. Este é o principal ponto em comum entre o Mr. Wemmick de Dickens e o sr. José de Saramago, e o traço que converte ambos em personagens inesquecíveis. Claro que o escriturário inglês tem mais sorte. Tem uma casa, um canhão de brincar que dispara uma salva minúscula para assinalar o nascimento de cada hora, tem um pai, tem um amor. Mas o sr. José, sendo menos afortunado, está absolutamente à altura do seu espírito, e o que determina a sua grandeza é, sobretudo, a escassez da sorte que lhe coube.

Quando a vida lhe faz um sinal, quando move os seus invisíveis dedos no ar para reclamá-lo pela primeira vez depois de tantos anos, o sr. José não só se põe da sua parte com toda a paixão que é capaz de reunir, como luta também com todas as suas forças para que a vida derrote a morte, impondo-se ao olvido que esta representa. Porque nas páginas deste romance a Conservatória Geral do Registo Civil é muito mais que um edifício, que uma intrincada rede de corredores e arquivos, mais que um universo de papel velho e tinta pálida, delida. Símbolo da própria morte, as peripécias do sr. José consagram-na como o lugar onde o olvido é institucionalizado, segundo regras estritíssimas que excluem qualquer emoção, qualquer vestígio de humanidade, qualquer memória da vida verdadeira."

    Almudena Grandes tinha escrito duas páginas assim, densas, tecidas de observações certeiras como estas, que Juan Cruz gostaria com certeza de ter ouvido ler se soubesse o que tinham dentro... Fica esta amostra, com a minha gratidão.

5 de fevereiro

Companheiro indefectível, Juan Cruz acompanhou-nos a Barcelona para o lançamento do romance. Da leitura de textos, excelentemente feita, encarregou-se a atriz Mercedes Sampietro. Quanto à inevitável laude, a palavra pertenceu a Manuel Vázquez Montalbán, e foi, como outra coisa não se poderia esperar dele, um exemplo de agudeza perceptiva que a amizade e a generosidade tiveram o cuidado de não obscurecer. Julgue-se:

"*Ensaio sobre a cegueira* introduziu-nos ao Saramago atual, um Saramago em busca de um discurso no qual vida, história e morte resultem em paciência expositiva, como se se concedesse a si mesmo um tempo de exposição literária sem limites, em contradição com os limites biológicos e históricos. Pode dizer-se até que Saramago parece estar a afastar-se da esperança laica, da história, do otimismo histórico, mas resistindo a render-se à tendência para o pessimismo biológico. *Todos os nomes* parece-me ser uma das obras mais reveladoras da relação ético-estética do Saramago de hoje. Vida, mundo, tempo, espaço, encontram neste romance o referente plutónico do arquivo onde tudo está escrito.

"O protagonista rebusca na trama da geometria de uma Conservatória Geral do Registo Civil concebida como um universo de arquivos ou como um universo arquivado, materialização da relação do espaço com o tempo, embalsamados um e outro. Se para Borges o universo era, ou merecia sê-lo, uma biblioteca, Saramago propõe que ele seja a Conservatória Geral do Registo Civil, com dois sujeitos dominantes: o chefe, e logo o sr. José, o 'funcionário exemplar', da classe dos funcionários oitocentistas, possuído da náusea dos autodidatas e da indeterminação de Joseph K. Saramago recria-se na reconstrução de um romance de escriturários numa atmosfera do século xix, como se construísse uma cenografia falsamente naturalista, uma cenografia enterrada, sepultada, pré-kafkiana, que é um dos maiores achados do livro.

"Se no romance introspetivo dos anos 60 e 70 os protagonistas levavam trinta páginas para subir uma escada e quarenta para abrir uma janela, em *Todos os nomes* o sr. José necessita de quarenta páginas para abrir uma pasta com a íntima satisfação de ser proprietário da memória das vidas de toda a gente nos seus dados mais óbvios. O leitor vê-se submetido à intriga da revelação esperada e assume essa aproximação até que chega a luminosidade da notícia de uma mulher que levará o leitor e o sr. José para fora do Registo, com a esperança, talvez, de sair do labirinto. Deve dizer-se que se a metáfora do mundo é a Conservatória, o labirinto é a metáfora da vida. Talvez essa mulher que chama pelo sr. José a partir da própria substância de um papel amarelado seja Ariadne oferecendo o fio redentor.

"O labirinto interior está separado do exterior pela pele, mas Valéry escreveu que o mais profundo no homem é justamente a pele. O sr. José, o próprio Saramago também, pensa que não tomamos decisões, mas que são as decisões que nos tomam a nós. Encontramos aqui a primeira presença de Beckett: 'Isto não é mexer-se, isto é ser mexido'. Nos seus percursos em busca da construção de uma mulher real, o sr. José será conduzido aos lugares da morte, no interior dos dois hemisférios separados da Conservatória do Registo Civil, o dos mortos e o dos vivos. O chefe, sabedor de todas as pequenas e angustiantes transgressões que o sr. José teve de perpetrar atravessando o subtil tabique que separa a vida da morte, propõe-lhe a contemplação dos dois universos como se fossem um único.

"Numa patética cena quase final, a investigação leva o sr. José a ouvir, numa banal gravação de atendedor telefónico, a voz da mulher procurada. O protagonista confessa ter ficado sem pensamentos e a voz na fita é a segunda evocação de Beckett, numa referência a *Krapps's Last Tape*. A vida está gravada, apenas gravada, e só tem sentido em torno dessa voz. Romance de intriga morosa, ao passo lento de um funcionário, romance, literatura de amor, como toda a de Saramago. Por cima do sensorial e dos corpos concretos, trata-se de construir um mito emocional com a lentidão de um burocrata incapaz de assumir que a sua angústia se chama angústia. Ou o leitor assume esse tempo vagaroso, identificação de um tempo e de um espaço embalsamados, ou não entrará no labirinto e na sua metáfora."

Melhor do que isto não seria fácil dizer-se. Mas, por amor à verdade, aqui fica jurado e trejurado que nunca pus os olhos em *Krapps's Last Tape* e não recordo ter lido alguma vez em Beckett a frase sobre "mexer" e "ser mexido"... Foram portanto coincidências, não referências, mas a possibilidade de que o tivessem sido só valoriza as coincidências. Se se me permite a presunção...

6 de fevereiro

Já que estava em Barcelona para apresentar o livro, decidi matar dois coelhos de uma cajadada: fui ao Hospital Barraquer para que me espreitassem cá para dentro o estado da catarata

do olho direito, que tem vindo em aumento lento mas
constante desde que o querido e saudoso André Mâncio dos
Santos, lá no velho Instituto Gama Pinto, lhe vislumbrou a
primeira e tenuíssima opacidade. O Hospital Barraquer é
moderno, funcional e disciplinado, uma colmeia intensa mas
silenciosa aonde acodem diariamente mais de mil pessoas que
vão de uma consulta a outra, de um médico a outro, de um
aparelho a outro, como se tudo e todos fizessem parte de uma
cadeia de montagem. Fiquei a saber que ainda é cedo para a
extração do cristalino, a catarata tem de amadurecer, coisa para
mais dois ou três anos. E fiquei também com o meu orgulho
patriótico consoladíssimo quando a médica que me observava
comentou que da operação ao desprendimento de retina
(realizada pelo dr. Mâncio já lá vão oito anos) só se podia dizer
o melhor, que tinha sido um trabalho perfeito. Depois,
enquanto tomávamos um chocolate no Café Mozart, que está
ao lado do hospital, recordámos, Pilar e eu, as angustiosas
horas de novembro de 1990, quando vim de Roma a toque de
caixa, com o olho tapado e a retina desprendida das "nove às
catorze", para ingressar de urgência no humilde Gama Pinto
da rua do Passadiço, onde as mãos sábias do dr. Mâncio e a sua
extraordinária bondade me esperavam já.

12 *de fevereiro*

Madrid outra vez. Uma belíssima exposição de fotografias de
Helena Almeida na Casa de América. A minha fibra patriótica,

que o tempo, as desilusões e as brutas lições da história geral e dos desconcertos da pátria ainda não conseguiram desgastar de todo, vibrou feliz e orgulhosa durante toda a visita. Algumas pessoas se dirigiram a mim para felicitar-me. A artista não estava presente, por isso davam os parabéns ao português que tinham à mão...

13 de fevereiro

Já estávamos perto quando o comandante do avião informou os passageiros de que o aeroporto de Lanzarote estava fechado por efeito da calima, essa névoa parda que não é composta de humidades, mas de minúsculas areias do deserto sariano que viajam pelos ares e com deplorável frequência vêm turvar o céu das ilhas orientais das Canárias. Há ocasiões em que a visibilidade se reduz tanto que os aviões são forçados a procurar sítios mais seguros onde possam despejar a carga, em geral o aeroporto de Gran Canária. Neste caso não seria preciso ir tão longe, o de Fuerteventura ainda se encontrava aberto, ali a calima não era tão espessa como em Lanzarote, que, do alto, espreitando pelas pequenas janelas do avião, simplesmente não se via. Havia uma enorme confusão no terminal, mas eu viajava ligeiro de equipagem, pude esquivar-me aos apertos das massas turísticas e à difícil circulação dos carrinhos para acudir ao telefone mais próximo e avisar a Pilar de que o marido havia sido desviado. Restava-me agora aguardar tranquilamente que acabasse de se organizar a caravana de autocarros que transportaria os passageiros a Corralejo, de onde o barco da carreira me devolveria a Lanzarote. A tranquilidade, porém, não durou muito, a alma caiu-me desamparada aos pés. Tinha deixado na cabina telefónica a carteira em que guardo os documentos de viagem, passaporte, bilhetes, cartões de companhias aéreas, cartões para chamadas, algum dinheiro... Não era a primeira vez que me acontecia uma destas nem iria ser com certeza a última. Extraio meticulosamente a carteira da mala de mão, coloco-a direitinha na prateleira da cabina, mesmo diante do nariz, não vá a má sorte fazer com que me esqueça, enfio o cartão na ranhura, marco o número, falo, ouço, termino a chamada, e depois (se não o deixei lá...) retiro o cartão e vou aos meus outros afazeres como se nada de anormal tivesse sucedido, abandonado os preciosos salvo-condutos à curiosidade ou à cobiça do primeiro que apareça. Levantei a alma do chão e corri à cabina como um desesperado, mas a carteira desaparecera. Suponho que quem reparasse em mim naquele momento pensaria que a administração do aeroporto de Fuerteventura decidira erigir uma estátua representando a Desolação, inspirada, talvez, no conhecido abatimento do passageiro frustrado que perdeu o voo no último minuto. Eu não perdera o voo, perdera a carteira, e entre perdê-lo a ele e perdê-la a ela, viesse o diabo e escolhesse. Aturdido, sem saber como sair do aperto, tardei a perceber que dois vultos humanos que estavam parados a dez metros de mim eram dois guardas-civis. Com poucas esperanças, só porque não podia continuar a fazer de estátua da Desolação, dirigi-me a eles e perguntei-lhes se tinham por acaso notícia de uma carteira castanha esquecida naquele telefone, sim, aquele além. Os guardas-civis sorriram bem-dispostos e um deles disse, Foi encontrada por uma empregada da limpeza, venha comigo. Levou-me à secção de objetos perdidos, ali estava a carteira. Abriu-a, tirou o passaporte e perguntou-me o nome. Está certo, teve muita sorte, deu com uma pessoa séria, disse. Agradeci e fui ocupar o meu lugar no autocarro para Corralejo enquanto fazia votos para que, no futuro, todos os objetos que venham a perder-se no aeroporto de Fuerteventura sejam encontrados pela mesma empregada de limpeza ou outra tão séria como ela.

15 de fevereiro

Dei o título de "O gladiador imóvel" à nota de leitura que escrevi para o *El Mundo* a propósito do livro que Francisco Umbral acaba de publicar sobre Ramón del Valle-Inclán. Ei-la:

"Olhem-se com atenção as fotografias da sedutora sobrecapa que envolve *Los botines blancos de piqué*, primeiro a de Valle-Inclán, depois, dando a volta ao livro, a de Francisco Umbral. Querendo apreciar melhor o efeito, deverá retirar-se a abrir a dita sobrecapa a toda a largura: ver-se-á então como as duas imagens são o espelho uma da outra. E não só o espelho, não só o mero reflexo ótico, mas um jogo de perguntas e respostas, uma dialética de simetrias, uma leitura de estímulos mútuos. Valle-Inclán, no momento em que o fotografaram, olhava diante de si o espaço de uma ausência, de uma não presença, o espaço onde, setenta ou oitenta anos depois, mimeticamente, se iria sentar Umbral. Veja-se como um e outro cruzam a perna direita sobre a esquerda, veja-se como a mão invisível de Umbral simula marcar a página onde uma leitura teria sido interrompida, veja-se como a única mão de Valle-Inclán descansa (descansará?) sobre um livro aberto, veja-se como o cachecol branco de Umbral ocupa, na composição do díptico, precisamente o lugar da manga vazia de Valle.

"A representação (disso se trata) não é gratuita. Umbral está ali a *representar* de Valle-Inclán, e Valle-Inclán (a imagem dele) confronta-se com umas *presentificações* possíveis da deliberada teatralização que foi a sua vida. Vontade de dandismo chama Umbral à operação de espírito que faz sobrepor-se a uma personalidade *natural* (existirá semelhante fenómeno?) uma personalidade *artificial* (não será antes isso a que chamamos personalidade uma autoconstrução contínua do sujeito, portanto, e inevitavelmente, um *artifício*?). No sentido restrito em que a questão nos vem colocada, preferiria eu, talvez, adotar uma definição mais abrangente, a de S. M. Greenfield, quando ele se refere à 'teatralidade pessoal' de Valle-Inclán: em todo o caso, apresso-me a esclarecer, sob a fundamental ressalva de que se o *dandismo* não pode deixar de ser, forçosamente, uma forma de *teatralidade*, a *teatralidade*, só por si, nunca será suficiente para alcançar um estado reconhecível de *dandismo*. O que parece legítimo concluir-se da observação inicial das duas reveladoras fotografias (que o leitor terá todo o interesse em conservar, poupando-as a um uso descuidado...), e logo de uma leitura atenta do livro, é que, ao definir a Valle-Inclán como dândi, Umbral, ainda que o não explicite em nenhum momento, é também a si mesmo que se está definindo. O que, provavelmente, não constituirá surpresa para ninguém... Ainda que (não há nada mais fértil que uma contradição) seja o próprio Umbral a suscitar uma dúvida que obrigaria a fazer voltar ao princípio a pequena análise que venho tentando. Num dado passo da obra, pergunta-se ele: 'Que veio dizer realmente Valle-Inclán?', e na respiração imediata dá-nos a resposta: 'Veio dizer-se a si mesmo'. Ora, se Valle-Inclán, segundo uma opinião geralmente aceite e difundida pela crítica e pela história literária, fez da sua vida o processo de fabricação de uma determinada personagem que quis ser, que significa 'dizer-se a si mesmo'? Qual de 'si mesmo' esteve Valle-Inclán 'dizendo' nas *Sonatas*, em *Romance de lobos*, em *La guerra carlista*, em *Tirano Banderas*, em *Divinas palavras*, em *Luces de bohemia*, em todas e em cada uma das múltiplas cintilações do caleidoscópio fantástico e às vezes fantasmal que é a sua obra? Quando foi Ramón María del Valle y Peña realmente Valle-Inclán?

"No melhor e mais fecundo dos sentidos, o livro de Umbral é, todo ele, quer pelo que afirma, quer pelo que nega, provocador em grado sumo, e é do interior dessa provocação que me nascem as dúvidas. A que de algum modo o próprio Umbral vai responder quando escreve: 'A tragédia quotidiana do dândi é que a sua disciplina interior, a sua *diferença*, não é captada por ninguém ou quase ninguém. Chega-se a ser único e os outros não se apercebem. Há que mostrar essa unicidade mediante o traje para que o mundo leia nela'. Traje, máscara, maquilhagem… Destinados a *fazer*, a *construir* a personagem, não estarão tais adereços, pelo contrário, a ocultar o que realmente é *diferente*, aquilo ou aquele que nos surge variavelmente vestido e que, afinal, vai nu invariavelmente e aterrado por saber-se assim? Quando Valle-Inclán escreveu: 'As coisas não são como são, mas como se recordam', haveria talvez que dizer-lhe que as coisas são como se recordam, mas sem deixarem de ser o que são…

"Não resisto a uma observação mais. Falei ao princípio de uma dialética de simetrias, de uma leitura de estímulos mútuos, ou, agora por mais claras palavras, de uma interpelação de ida e volta, que tanto passa de Umbral a Valle-Inclán, como de Valle-Inclán a Umbral. Sentado na sua cadeira, com os seus polainitos brancos de dândi postos, a mão pesada assente sobre o livro, Valle-Inclán interpela de igual a igual quem de igual a igual o interpelou, e essa é talvez a causa profunda de ir Umbral projetando, ao longo de toda a obra, súbitas e esplêndidas iluminações de que o autor de *La lámpara maravillosa* foi evidentemente o pretexto, mas de que já não é o destinatário: outros serão aqueles a quem aproveite. Refiro-me a passagens como esta: 'Uma palavra, um adjetivo, uma frase, só são verdadeiros e matinais quando surpreendem quem os escreveu. O escritor é o primeiro leitor de si e, portanto, o primeiro surpreendido com o que acabou de escrever'. Ou esta: 'Há que escrever com o profundo da voz'. Ou ainda esta: 'Todo o livro narrativo é um cofre de tempo que se põe em movimento quando começamos ou voltamos a ler. O mistério do romance é esconder uma espiral de tempo como o faquir esconde uma serpente que de súbito se levanta e ondula'.

"Falta-me explicar o título desta breve nota de leitura. É de Umbral, e diz assim: 'O dandismo não é uma educação sentimental, mas uma educação de gladiador imóvel. Isso, um gladiador imóvel é o dândi'. Permito-me discordar. Pese a presença ostensiva dos adereços, não são de dândis, mas de gladiadores, as imagens imóveis da sobrecapa de *Los botines blancos de piqué*. Repito: de gladiadores, não de dândis..."

16 de fevereiro

Há tempos, a direção da Escola Secundária de Mafra teve a ideia feliz (feliz para mim, claro está) de atribuir o meu nome ao estabelecimento de ensino que administra e orienta. Escreveram-me nesse sentido (não sei por que misteriosíssimas razões deixei passar sem o devido registo, no próprio momento, a carta recebida), e eu agradeci penhorado a generosa intenção, embora, cá por dentro, no chamado foro íntimo, não desse grande coisa pelo resultado da iniciativa. Mafra será sempre Mafra, e o sr. Ministro dos Santos, além de ser o seu profeta, acumula e exerce as funções de delegado do ministério público, juiz e executor das fulminatórias sentenças do tribunal municipal a que preside. O meu ceticismo tinha razão. Segundo acabo de ler no *Expresso*, a Câmara Municipal de Mafra opõe-se higienicamente a que o meu nome macule a frontaria da escola, fazendo assim sua, de modo explícito e sem lugar a dúvidas, a doutrina daquele ditado rancoroso que já serviu a Rebelo da Silva para título de um romance: *Ódio velho não cansa*... Não se cansará nunca o ódio deles, mas o meu desprezo também não.

22 de fevereiro

"Julgava o ingénuo de mim que Afonso Domingues tinha sido arquiteto, Luís de Camões poeta, Camilo Castelo Branco romancista, Soares dos Reis escultor, Domingos Bomtempo compositor, e afinal não era verdade. Eles e todos os outros, de fora e de dentro, andaram a enganar-me com esses formosos títulos, quando o que os práticos sujeitos fizeram em toda a sua vida foi investir: é, pois, investimento a Sala do Capítulo do mosteiro da Batalha, são investimentos as redondilhas de 'Sôbolos rios', é investimento *A brasileira de Prazins*, é investimento *O desterrado*, e é investimento, só investimento, a *Missa de requiem*. Dentro de alguns anos é possível que apenas consigamos encontrar os nomes daqueles senhores nas páginas das revistas de economia e finanças, entre os resultados da Microsoft e as perspetivas de Champalimaud. De futuro, sirva este exemplo, não serão escritas histórias da literatura portuguesa, mas sim histórias do investimento literário em Portugal. E os estudantes usarão as suas calculadoras de bolso para comprovar o valor de mercado de Jorge de Sena, de Eduardo Viana ou de José Rodrigues Miguéis...

"Não pense o leitor que esta caricatura me diverte, e muito menos que me deu hoje para distraí-lo com fantasias. A realidade será pior. Acaso sabe o leitor o que é o Acordo Multilateral sobre o Investimento (ou AMI, para cumprir o preceito de reduzir tudo a siglas? O AMI é um tratado mundial atualmente em negociação no quadro da OCDE (por extenso: Organização para a Cooperação e Desenvolvimento Económico), e que tem como finalidade a liberalização total do mercado, isto é, a livre circulação dos capitais, a liberalização dos investimentos e a proteção dos investimentos estrangeiros. Este tratado, a par do seu objetivo de multilateralização sistemática dos acordos bilaterais, visa conceder aos investidores estrangeiros num país-membro da OCDE as mesmas proteções de que usufruem os investidores nacionais. O campo de aplicação do AMI abrangerá a propriedade literária e artística, transformando-se, portanto, o autor em um investidor como qualquer outro e considerando-se como investimentos a sua obra e os seus direitos. Aos olhos do AMI, e para ficarmos com uma ideia clara do caso, quando o nosso Camões salvou do naufrágio o manuscrito d'*Os lusíadas*, estava a salvar o seu investimento, nada mais...

"As consequências deste 'tratado de tratantes' não cabem no espaço de um simples artigo, e ainda menos na competência científica de quem se atreveu a escrevê-lo, obrigado, como se observa, a usar dois idiomas que conhece mal: o financês e o economiquês. Mas, ainda assim, é possível desenredar da teia e pôr a nu alguns dos efeitos mais desastrosos da entrada do AMI nas vidas dos artistas e dos escritores. Tome-se nota: a) as obras dos países não membros da União Europeia poderiam beneficiar da proteção de setenta anos, mas as obras europeias não teriam a mesma proteção nos países não membros; b) um pintor norte-americano cobraria uma remuneração em Portugal pela venda de um quadro seu, mas um pintor português não receberia nenhum direito dos Estados Unidos; c) se Portugal viesse a fazer com outro país um acordo de coprodução de filmes, os produtores norte-americanos (já sei que eles não precisam, mas a questão não é essa) poderiam reclamar os mesmos apoios; d) todos os programas europeus de ajuda à criação ficarão abertos a todos os países que não fazem parte da União Europeia; e) o produtor que detiver os direitos de uma obra passará a poder explorá-la sem pedir autorização ao autor (pessoa física) e com desprezo do seu direito moral; f) a adesão a sociedades de gestão coletiva para a cobrança de direitos de autor poderá vir a ser considerada como expropriação de um modo individual de exercício de direito. As alíneas continuariam por aí fora, pelo menos até à letra Z...

"Trata-se, como se vê, de reduzir a mercadorias as obras literárias e artísticas, trata-se de abolir o conceito de *direito de autor* em benefício do *copyright*, trata-se de diluir num suposto multiculturalismo universal as identidades próprias, até à sua extinção. Antigamente, nas procissões religiosas indianas, quando o grande carro de Xiva passava, havia pessoas que se atiravam para debaixo das rodas e morriam esmagadas. O AMI é também um carro gigantesco, e sem travões. Mas o pior, o pior de tudo, é que estão a empurrar-nos para debaixo dele..."

25 de fevereiro

Madrid.

26 de fevereiro

Colóquio no Instituto Cervantes.

28 de fevereiro

Depois de ter participado anteontem num colóquio do Instituto Cervantes, em Lisboa, subi para o norte a cumprir a já costumada peregrinação à Feira do Livro de Braga. Jorge Cruz e José Manuel Mendes pedem-me que vá lá, eu resisto *pro forma*, argumentando que os bracarenses já devem estar fartos de me ver e ouvir, sempre a mesma cara com algum cabelo menos e algumas rugas mais, sempre o mesmo discurso, que se já vai cansando a quem o diz, que fará a quem tenha de escutá-lo, mas eles insistem, insistem, e eu aceito ir, com uma vontade enorme de pedir que me desculpem o incómodo e de prometer que para a próxima não volto... Encontrei-me com o José Manuel Mendes, que me deu conta do programa que me espera enquanto tomávamos um café, depois passei os olhos pelo *Expresso*, como quem se castiga apalpei o pulso aos politicastros e às politiquices que infestam o corpo e o espírito da pátria como uma praga de gafanhotos, e nisto estava, desabafando entre dentes a irritação, quando se me deparou uma notícia a todos os respeitos admirável. Ali se anunciava, com a maior seriedade deste mundo, que na inaguração da ponte Vasco da Gama se dará um almoço para 15 mil pessoas, distribuídas ao longo do tabuleiro, e que esse magno acontecimento está destinado a entrar no Guinness pela porta grande... Uma vez que se acabaram os saloios (bastará dar um passeio pela região que foi a deles para verificar que a celebrada e graciosa espécie desapareceu da paisagem), já poderemos empregar a palavra saloiada, ou, preferindo, a saloiice, sem ofender ninguém. Para espairecer o desgosto, saímos do café e fomos ao Campo da Vinha com o objetivo de apreciar o resultado final das obras que ali se andaram a obrar durante largos meses, e que vi eu? Um edifício pespegado no meio da praça, acanhando a dimensão dela e cortando as perspetivas, assim a modos como a pirâmide de vidro no Louvre, mal comparado, e com os mesmos desastrosos efeitos. "Que te parece?", perguntou o José Manuel Mendes. "Uma perfeita saloiice", respondi. E ele, triste por ser daquela Braga: "Sim, realmente é uma saloiada".

1 de março

Lanzarote. O motorista do táxi que me leva do aeroporto a casa pergunta-me se venho de Portugal. Respondo-lhe que sim. Depois quer saber se por acaso conheço um pintor chamado Pablo Laboré. Que não, que não conheço. Pelo nome tem aspeto de ser espanhol, mas não conheço. E doutros países?

Também não, o nome não me diz nada. Então o motorista explica: "Tenho 31 anos e até agora nunca me tinha acontecido sonhar com um nome. Há duas noites sonhei com este. Como o senhor traz um quadro (era certo, levava comigo uma pintura de Helena Santos, comprada em Braga), não é a primeira vez, já o tenho visto, calculei que fosse pintor e que o conhecesse". Disse-lhe que não sou pintor, mas escritor, e ele, deixando de lado o Pablo Laboré do sonho, perguntou: "Dos livros que escreveu, qual é aquele de que gosta mais?". Respondo qualquer coisa, digo um ou dois títulos por comprazer, e ele continua: "Li os *Versículos satânicos*, mas não percebi nada". Consolei-o: "Deixe lá, também já me tem acontecido ler e não compreender o que leio". "Havia lá uma borboleta, pensei que seria uma metamorfose. O senhor que acha?" A casa estava perto, era a salvação: "Dê a volta à rotunda, é aqui". Contarei esta história a Salman Rushdie na primeira ocasião em que nos encontremos.

2 *de março*

Diz Ray-Güde Mertin que lhe chovem de Los Angeles perguntas de produtores de cinema (são já oito ou nove, informa ela) a querer saber se os direitos do *Ensaio sobre a cegueira* estão livres. Como o livro ainda não apareceu à luz nos Estados Unidos, o motivo do súbito e arrebatado interesse (não creio que naquelas californianas paragens se leiam jornais ingleses) deve ter sido o catálogo da Harcourt Brace, que, mais do que provavelmente, se excedeu na eloquência publicitária...

Enfim, o cinema ataca outra vez. Terei eu forças para resistir-lhe? Por meras razões de simpatia (não fui capaz de dizer não a Yvette Biro), já se me escapou das mãos *A jangada de pedra*, mas juro pelos deuses de todos os céus e olimpos que no *Ensaio sobre a cegueira* ninguém toca.

3 de março

Apresentação de *Todos os nomes* em Lanzarote.

7 de março

Guadalajara, México. Os murais de Orozco no Hospício Cabañas e no Palácio do Governo. O aviso da Emigração...

8 de março

Começaram as entrevistas...

9 de março

Mais entrevistas. Padre António Vieira. Difícil entrada no assunto. Valeu-me o *Sermão de santo António aos peixes*, dito pelo José Carlos Ary dos Santos...

10 *de março*

Entrevistas. Camilo Castelo Branco. Interesse.

11 *de março*

O Parlamento Internacional de Escritores pede-me que seja seu representante na assinatura do acordo que fará de México DF uma cidade refúgio.
 O escritor de hoje foi Eça de Queiroz. Interesse.
 À noite, no Teatro Degollado, apresentação de *Todos os nomes*, com a participação de Fernando del Paso e de Roberto Castelán. Bailado com momentos magníficos. Flores... Enfim, homenagem. Tudo isto me parece incrível.

12 *de março*

Fernando Pessoa. Leitura de poemas.

13 *de março*

Conferência: "A ilusão democrática". Apresentação de Carlos Fuentes. O jantar na Casa Julio Cortázar, oferecido pelo reitor da universidade. A conversa à mesa: a morte (estamos no México).

14 de março

Viagem para San Cristóbal de las Casas. Encontro à noite com os bispos Samuel Ruiz, Raúl Vera e com Gonzalo Ituarte. Antes falei para uma assembleia. Se a palavra de um escritor serve, a minha palavra é vossa.

15 de março

Aniversário de Pilar. Viagem a Acteal e Polhó. Os controlos militares da estrada. O acampamento militar. À noite: a entrevista de Felipe González na televisão... Os acompanhantes: Sealtiel Alatriste, Carlos Monsiváis, Ana Tagarro, Laura Lara, Hermann Billinghausen... Partida para México DF.

17 de março

Colégio Nacional. Começo das conferências sobre a nova geografia da novela. Apresentação de Carlos Fuentes. Nélida Piñon. Jantar na Embaixada do Brasil.

18 de março

J. M. Coetzee. Minha conferência: "Uma nova geografia do romance? Talvez um novo romance...".

19 de março

Museu da Cidade de México. Assinatura do acordo com o Parlamento Internacional de Escritores que institui México DF como cidade refúgio. Cuauhtémoc Cárdenas. Leitura na UNAM. Juan Goytisolo. Susan Sontag.

20 de março

Entrevista Ricardo Rocha. Entrevista Cristina Pacheco. Jantar em casa de Carlos Fuentes.

21 de março

Conferência de Gabriel García Márquez. Almoço: Gabriel/Mercedes, Fuentes/Silvia, Cebrián/Teresa, Mutis/Mireya.

22 de março

Manifestação no Ángel de la Independencia. Compras no mercado La Ciudadela.

23 de março

Teotihuacán. Festa de Carlos Fuentes.
Aniversário de *La región más transparente*.

24 de março

Reunião com Francisco Labastida, secretário de Gobernación.
Entrevista com Sealtiel na casa do arquiteto Barragán. Partida.

25 de março

Correrias para apanhar o avião para Lanzarote.

27 de março

Artigo para *Visão*:
 "O braço direito do índio Jerónimo não se pode levantar porque tem completamente destroçada a articulação do ombro. A mão direita do índio Jerónimo é um coto sem dedos. Não se sabe o que está sob a ligadura que lhe envolve o antebraço. O lado direito do tronco do índio Jerónimo mostra, de cima a baixo, uma cicatriz larga e funda que parece partir-lhe o corpo em dois. Os olhos do índio Jerónimo perguntam-me que faço ali. O índio Jerónimo tem quatro anos e é um dos

sobreviventes da matança de Acteal. Não suporto ver aquele braço, aquela mão, aquela cicatriz, aquele olhar, e viro as costas para que não se perceba que vou chorar. Diante de mim, velada pelas lágrimas que me queimam os olhos, está a fossa comum onde se encontram, em duas filas paralelas, os 45 mortos de Acteal. Não há tabuletas com nomes. Tiveram um nome enquanto viveram, agora são, simplesmente, mortos. O filho não saberia dizer onde estão os pais, os pais não saberiam dizer onde está o filho, o marido não sabe onde está a mulher, a mulher não sabe onde está o marido. Estes mortos são mortos da comunidade, não das famílias que a constituem. Sobre eles está a construir-se uma casa. Amanhã, um dia, nas paredes que a pouco e pouco vão sendo erguidas, veremos as imagens possíveis da carnificina, o enterramento dos cadáveres, leremos enfim os nomes dos assassinados, algum retrato, se o tinham. Debaixo dos nossos pés estarão os mortos.

"Trabalhosamente, descemos ao barranco onde as vítimas se esconderam, fugidas à agressão dos paramilitares que desciam a encosta disparando. A igreja, simples barracão de tábuas em bruto, sem adornos, sequer uma cruz tosca na frontaria, onde os índios, desde há três dias, estavam jejuando e rezando pela paz, mostra os sinais das balas. Dali se escaparam os espavoridos tzotziles de Acteal julgando poder encontrar refúgio mais para baixo, numa reentrância do terreno escarpado. Não sabiam que tinham entrado numa ratoeira. A horda dos paramilitares não tardou a descobrir aquele informe amontoado de mulheres, homens e crianças, dezenas de corpos trémulos, de rostos angustiados, de mãos levantadas a implorar misericórdia. (Ai de nós, o ato de apertar o gatilho de uma arma tornou-se tão habitual na nossa espécie que até o cinema e a televisão já nos dão lições gratuitas dessa arte a qualquer hora do dia e da noite.) Sobre o mísero nó humano que se contorcia e gritava, os paramilitares despejaram, a gosto, rajadas e rajadas, até que o silêncio da morte respondeu aos últimos disparos. Algumas crianças (talvez o índio Jerónimo?) escaparam à chacina por terem ficado debaixo dos corpos crivados de balas. Apenas a duzentos metros dali, quarenta agentes da Segurança Pública, chefiados por um general reformado, ouviram o tiroteio e não deram um passo, não fizeram um gesto, apesar de saberem o que estava a acontecer. Foi tal a indiferença das autoridades que nem ao menos cortaram o trânsito na estrada que passa por Acteal, a pouca distância do local do múltiplo crime. A cumplicidade das diversas forças armadas mexicanas com os paramilitares ligados ao partido do governo, por de mais evidente, não precisa de melhor demonstração.

"No município índio de Chenalhó (leia-se Chenal-hó), onde se encontra o povoado de Acteal, misturam-se as histórias pessoais e familiares, políticas e sociais. 'Zapatistas' e 'priístas' têm parentes e amigos no outro bando, e não é raro que os vexames recíprocos destruam os afetos. Os deslocados, varridos brutalmente de um lado para outro, provêm da destruição das pequenas aldeias em que viviam, da falta de respeito pelos campos comunais, da impossibilidade de se reunirem em assembleias e de trabalharem sem medo, das humilhações infligidas pelas autoridades, da mudança forçada de dirigentes por outros sem mandato nem eleição, da destruição dos símbolos comunitários, da proibição de reuniões, ou toleradas sob a vigilância de paramilitares protegidos pela polícia. Na *guerra do desprezo* que se está travando em Chiapas, os índios são tratados como animais incómodos. E a multinacional Nestlé aguarda com impaciência que o assunto se resolva: o café e o cacau estão à sua espera...

"Perto de Acteal, em Polhó (pronuncie-se Pol-hó), num cartaz à entrada do acampamento de deslocados zapatistas, leem-se estas palavras: 'Que será de nós quando o último de vós se for embora?'. E eu pergunto: 'Que será de nós quando se perder a última dignidade do mundo?'."

28 de março

Uma carta de Carmen Mascaró Andrade-Neves:

"Li o seu livro *O ano da morte de Ricardo Reis*, de que gostei muito e em especial aquela passagem que, a folhas 59, fala da pedra com a inscrição 'Clínica de enfermedades de los Ojos y Quirúrgicas, fundada por A. Mascaró en 1870'. Efetivamente, 'as pedras ficam', mas a memória dos homens também perdura, e é o caso. Sou neta do dr. A. Mascaró. Faço noventa anos em setembro próximo, sou solteira, mas tenho cinco sobrinhos Mascaró que, por sua vez, já têm filhos e netos que recordam a memória do 'antepassado curador de olhos', mas não só... porque, por outro lado da família, a minha avó e a avó de Fernando Pessoa eram irmãs. 'Pessoa' que ainda conheci, embora relativamente mal, porque vivia em Espanha, mas de quem mantenho uma recordação bem viva."

O que fica claro por esta carta é que a esposa do dr. Mascaró era irmã de *uma* avó de Fernando Pessoa, porém qual delas? A materna? A única que ficou famosa, a paterna, a louca Dionísia? De onde vêm aqueles apelidos Andrade-Neves? Aqui está mais uma pequena tarefa de investigação para os pesquisadores pessoanos, se não a fizeram já.

29 de março

Lá de Paris, onde, com eficácia, cumpre as obrigações de conselheiro cultural, Eduardo Prado Coelho faz-me quatro perguntas para a *Art Press*, a saber: 1. Qual a influência da pintura na tua obra? 2. Como vês as artes plásticas contemporâneas? 3. Quais as principais figuras da cultura francesa que te influenciaram? 4. Como vês a situação das culturas europeias? Eis as respostas: 1. Não sei se existe alguma influência. Obviamente, quando escrevo não estou a pensar em pintores ou em pinturas. Mas, se parece certo que algo de montagem cinematográfica ou de alternância de planos e de profundidades se encontra nos meus romances, também não surpreenderia que um pouco de toda a pintura que tive diante dos olhos até hoje acabasse por passar igualmente ao processo da escrita. Aliás, talvez fosse mais exato, em lugar de *influência*, falar de *presença*. Direta, como no caso do *Manual de pintura e caligrafia*, indireta como em certas descrições de ambientes, não de paisagens, que quase não se encontram nos meus livros. Nem rostos definidos. Em todo o caso, creio que a "disciplina plástica" realmente reconhecível nos meus enredos ainda é a arquitetura. 2. Salvo as exceções (que não são muitas), vejo-as com uma desagradável impressão de aborrecimento. Curiosamente, porém, interessa-me o que se costuma designar por "instalações", talvez pelo que haja nelas de... arquitetura. Meia dúzia de pedras dispostas no chão, quatro tábuas armadas no ar, podem impressionar-me muito mais que um quadro de Mondrian. 3. Montaigne acima de todos. Ou o único, se quisermos falar de uma influência autêntica. Ainda que não se note... 4. Confusas, perturbadas, à espera não se sabe de quê, talvez de uma ideia, de uma convicção. Quis-se "inventar", voluntariamente, uma "cultura europeia", e agora nem temos a europeia, nem sabemos que fazer das nacionais. Vivemos já no tempo do "pensamento zero", que é pior que o "pensamento correto". Que haja pessoas a pensar? Não duvido. Simplesmente, ninguém lhes dá atenção...

2 de abril

Há cerca de dez anos (que rápido passa o tempo) fui de jornada a Valência de Espanha, correspondendo ao convite que me havia sido feito para participar num encontro de intelectuais e artistas que naquela cidade se iria realizar e com o qual se comemoraria o cinquentenário de uma outra reunião, essa já pertencente à história, quase mítica também, o Congresso de

Escritores Antifascistas em Defesa da Cultura, celebrado no já distante ano de 1937. Não pertencendo eu à família de congressistas que chegam, olham, dão duas voltas pelos corredores a mostrar-se, conversam com os amigos, combinam outros congressos e vão-se embora, dei-me ao trabalho de escrever e levar comigo de Lisboa, onde então ainda vivia, umas quantas esforçadas páginas, com a esperança de que no meio de todas as fortes e profundas razões que certamente lá iria escutar, a minha modesta contribuição, mesmo que por desgraça pertencesse ao número das mais débeis e inconsistentes, também poderia merecer a sorte de apresentar-se ao julgamento da magna assembleia, a que, acolitado por Mario Vargas Llosa, Jorge Semprún e Fernando Claudín, presidia Octavio Paz. Não coroou o destino as minhas doces expectativas, se é que não foi antes alguma conspiração silenciosa dos poderosos que me impediu de subir os degraus da tribuna dos oradores e arengar às massas.

Refletindo ultimamente nas assombrosas mudanças por que está passando o nosso continente, e de um modo geral o planeta, quis o benévolo acaso que os desdenhados, pálidos e já esquecidos papéis me tornassem às mãos, estimulando-me a uma nova leitura, e, podendo ser, proporcionando-me a confirmação das ideias que neles tinha então expendido e a sua hipotética sobrevivência nos conturbados momentos que andamos a viver, dez anos passados. Tomarei pois o essencial do que escrevi naqueles dias, fazendo votos por que a compreensão do pouco que decidi aproveitar não venha a ser prejudicada pela falta do muito que tive de eliminar.

Distribuído com larga e previsora antecedência pelos convidados, um denominado *Documento fundador* desse Congresso de 1987 começava por afirmar, com toda a gravidade, que o Congresso Antifascista de 1937 havia sido "um acontecimento de alcance mundial, por muitas razões e alguma sem-razão". Julgando eu conhecer umas quantas das ditas razões, que são, aliás, do conhecimento de toda a gente, admitia com humildade que iria receber ali informação sobre algumas mais. Porém, o que acima de tudo esperava era que me fosse explicado em que consistira a denunciada "sem-razão" de um acontecimento em que as minhas insuficiências intelectuais só conseguiam ver razões, e todas de peso. Evidentemente, estava por completo de acordo que uma reflexão crítica que incidisse sobre esse passado já remoto, se era isso o que se pretendia fazer em Valência, só teria real sentido se se abrisse para uma reflexão sobre o futuro, o próximo, isto é, este em que nos encontramos, e aquele que nos espera. Mas duvidava de que tal abertura viesse a ser possível e de utilidade bastante se não começasse por ser esclarecido o que desde logo se me afigurou ser um preconceito de fundo, facilmente deduzível dos termos em que o dito *Documento fundador* havia sido redigido: refiro-me à acusação, expressamente formulada, de que os intelectuais dos anos 30 tinham cultivado falsos ídolos, tinham errado, tinham cometido funestos enganos — ao passo que nós, segunda e fácil dedução, os intelectuais dos anos 90 ali presentes, iríamos definir as únicas certezas realmente seguras, colocaríamos nos altares outros deuses, todos eles autênticos, e solenemente proclamaríamos que a partir desse dia só a verdade, toda a verdade e nada mais que a verdade, sairia das nossas enfim regeneradas bocas.

    Dizia também o *Documento fundador*, espécie de bússola desnorteada que apontava o rumo e as conclusões do debate antes mesmo de ele se ter realizado, que era já tempo de proceder a um esclarecimento teórico sobre o papel dos intelectuais e sobre a exata natureza do seu compromisso. Uma tal confiança em si mesmos, estou a referir-me aos principais, senão os únicos, responsáveis pelo conteúdo e pelo estilo do *Documento*, isto é, Paz, Semprún e Vargas Llosa, não poderia deixar de provocar um reparo irónico: pelos vistos, aqueles escritores dos anos 30 não tinham a mínima ideia do que fosse "o papel dos intelectuais" nem "a exata natureza do seu compromisso"... No meu escrito, com falsa ingenuidade, perguntava-me então se um congresso de intelectuais e artistas que venha a reunir-se no ano de 2037, quem sabe se naquela mesma cidade de Valência, para debater, meio século depois, as razões e as sem-razões dos nossos compromissos de agora ou da ausência deles, se não estaria, esse congresso, obrigado a fazer um levantamento dos erros que estamos a cometer nós próprios hoje, dos ídolos falsos que andamos a cultivar, em suma, dos enganos, sem dúvida não menos perigosamente funestos, que neste mesmo minuto estamos praticando ou permitindo que se pratiquem, cada um de nós e todos juntos. Deste reparo não se deveria concluir, claro está, que tivessem de ser calados os atos malvados, os erros, as injustiças, os mil crimes, tudo mais do que abundantemente sangrento, que são parte do deve-haver dos anos 30, na Europa e no mundo. Mas nunca do ponto de vista, afinal também ele autoritário, de uns quantos intelectuais e artistas que a si mesmos se arvorassem em supremos juízes, supostamente possuidores do conhecimento total dos factos e das suas consequências históricas até ao fim dos tempos. Porque, queiramo-lo ou não, nós somos já parte culpada do nosso tempo, e, com congresso ou sem ele, seremos inevitavelmente julgados dessa culpa daqui a cinquenta anos. Ou no ano que vem. Ou sê-lo-íamos agora mesmo se quiséssemos responder lealmente às interrogações da nossa consciência.

Muito mais sensato seria, propunha eu, que examinássemos os erros que estivéssemos cometendo, sem esquecer nunca o que uma elementar sabedoria dos factos da vida que nos deveria ter ensinado já, isto é, que o erro é inseparável da ação justa, que a mentira é inseparável da verdade, que o ser humano é inseparável da sua negação. De facto, não sei por que maravilhosas razões poderiam aqueles intelectuais meus contemporâneos, maravilhosamente reunidos em congresso na cidade de Valência e pontificando do alto de uma justiça maravilhosa e abstrata, definir, presume-se que de uma vez para sempre, as verdades absolutas que os intelectuais dos anos 30 haviam estupidamente ignorado e que os intelectuais do século XXI e seguintes não iriam ter mais remédio que acatar obedientemente...

Ressalvando o respeito de princípio que devo às opiniões em contrário, parecia-me que, sem desprezar a necessidade de "um enfoque novo, pluralista, mas teoricamente coerente, das relações entre política e cultura, tecnologia e valores morais, ciência e complexidade, compromisso e solidão criadora", que o *Documento fundador* preconizava — mas muito mais imperioso que todas essas inegáveis urgências, seria o exame, tão objetivo e rigoroso quanto possível, da situação do mundo, e também do lugar, da parte, da culpa ou da responsabilidade que nela ou dela têm os intelectuais e artistas de hoje. Aqueles intelectuais e artistas dos anos 30 que participaram no Congresso de Valência não usaram de capciosos sofismas nem de outras bizantinas cautelas quando a sua consciência os determinou a apoiar a legalidade republicana espanhola e a defender a cultura ameaçada pelas obras nefastas da mentalidade fascista… As suas convicções arriscaram humanamente o erro, ao passo que isto que ainda resta das nossas, insípidas, inertes e inodoras, não alcançou mais que reunir em Valência um congresso supostamente evocativo, mas claramente mal-intencionado, a coberto de definir "espaços culturais" e de "fundar estratégias do fazer cultural". Quanto melhor seria, escrevi então e repito-o agora, que nos resolvêssemos a proclamar a necessidade de uma insurreição moral (digo moral, não digo moralista) dos intelectuais e dos artistas, sem distinção de objetos ou épocas, sem hierarquização prévia, quer para condenar, quer para justificar, os crimes cometidos, todos sem exceção, e quem os cometeu ontem ou estiver cometendo agora. Sob pena, seja-me desculpada a metáfora banal, de lançarmos fora a criança no mesmo movimento com que despejarmos a água do banho…

6 de abril

A obra romanesca de Aquilino Ribeiro foi o primeiro e talvez o único olhar sem ilusões lançado sobre o mundo real português, na sua parcela beiroa. Sem ilusões, porém com paixão, se por paixão quisermos entender, como no caso de Aquilino sucedeu, não a exibição sem recato de um enternecimento, não a suave lágrima facilmente enxugável, não as simples complacências do sentir, mas uma certa emoção áspera que preferiu ocultar-se por trás da brusquidão do gesto e da voz. Aquilino não teve continuadores, ainda que não poucos se tenham declarado ou proposto como seus discípulos. Creio que não passou de um equívoco bem-intencionado essa pretendida relação discipular. Aquilino é um enorme penhasco, solitário e enorme, que irrompeu do chão no meio da álea principal da nossa florida e não raro deliquescente literatura da primeira metade do século. Nisso não foi o único desmancha-prazeres, mas, artisticamente falando, e também pelas virtudes e defeitos da sua própria pessoa, terá sido o mais coerente e perseverante. Não o souberam geralmente compreender os neorrealistas, aturdidos pela exuberância verbal de algum modo arcaizante do Mestre, desorientados pelo comportamento "instintivo" de muitas das suas personagens, tão competentes para o bem como para o mal, e ainda mais competentes sempre que se tratava de trocar os sentidos do mal e do bem, numa espécie de jogo conjuntamente jovial e assustador, mas, sobretudo, descaradamente humano. Talvez a obra de Aquilino tenha sido, na história da língua portuguesa, um ponto extremo, um ápice, porventura suspenso, porventura interrompido no seu impulso profundo, mas expectante de novas leituras que voltem a pô-lo em movimento. Surgirão essas leituras novas? Mais exatamente: surgirão os leitores para esse novo ler? Sobreviverá Aquilino, sobreviveremos os que escrevemos à perda da memória, não só a coletiva, mas também a individual, dos portugueses, de cada português, a essa insidiosa e no fundo pacóvia bebedeira de modernice que anda a confundir-nos o sistema circulatório e a intoxicar de novos enganos os miolos da Lusitânia? O tempo, que tudo sabe, o dirá. Não percebemos que, desleixando a nossa memória própria, esquecendo, por renúncia ou preguiça, aquilo que éramos, o vácuo por esse modo gerado será (já o está a ser) irremediavelmente ocupado por memórias alheias que passaremos a considerar nossas e que acabaremos por tornar únicas, assim nos convertendo em cúmplices, ao mesmo tempo que vítimas, de uma colonização histórica e cultural sem retorno. Dir-se-á que os mundos real e ficcional de Aquilino morreram. É certo, mas esses mundos *foram* nossos, e essa deveria ser a melhor das razões para que continuassem a *sê-lo*. Ao menos pela leitura.

7 de abril

Uma leitora alemã, Maria Schwenn, de Offenbach, escreve-me para dizer que ao ler em O *Evangelho segundo Jesus Cristo* a frase:

"Homens, perdoai-lhe porque ele não sabe o que fez", senti u desejo de imitar o Raimundo Silva da *História do cerco de Lisboa*, mudando de lugar o *não*, para ficar assim: "Homens, não lhe perdoeis, porque ele sabe o que fez". Como se verifica, Maria Schwenn foi muito mais longe do que eu, pondo na boca de Jesus as palavras que são provavelmente a conclusão lógica do romance e a que o autor não se atreveu, ou, melhor dizendo, nem tal coisa lhe passou pela cabeça. Não há dúvida de que certos leitores, de tão bons que são, dariam escritores ótimos, capazes realmente de descer ao fundo das coisas. A partir de agora, remate cada leitor o livro como melhor lhe parecer.

10 de abril

Chegada de Noé Jitrik e de Tununa a Lanzarote.

13 de abril

Lançamento de *Todos os nomes* em Las Palmas.

14 de abril

Lançamento de *Todos os nomes* no Ateneo de La Laguna.

15 de abril

Partida de Noé Jitrik e Tununa.

18 de abril

Luis Arroyo e Ángel Alcalde da Universidade de Castilla-La Mancha.

21 de abril

Lisboa, Televisão Espanhola. Programa *Esta es mi tierra*. Madre de Deus, Museu do Azulejo. A entrada faz-se pelo portão da antiga Escola Industrial de Afonso Domingues...
Torre de Belém.

22 de abril

Se Bento de Jesus Caraça, cujos breves 47 anos de vida, mais do que o centenário da morte, estamos a celebrar aqui, tivesse ido ler a Valência, em 1937, a sua conferência "A cultura integral do indivíduo — Problema central do nosso tempo", não tenho dúvida de que os três organizadores da reunião de 1987 o teriam incluído no bando dos "sem-razão" que estavam decididos a exautorar. Diriam, por exemplo, que o problema central deste tempo em que estamos já não é a "cultura integral do indivíduo", mas a liberalização do comércio mundial. E teriam toda a razão ao dizê-lo: esse é, de facto, o problema central dos tempos de agora, precisamente porque representa uma ameaça mortal, não apenas ao que Bento Caraça designou por "cultura integral", mas à simples "cultura", sem mais adjetivos e classificações. Todos sabemos que algumas das análises e previsões formuladas por Caraça na sua conferência de 1933 foram contrariadas pela brutalidade dos acontecimentos europeus e mundiais ocorridos nos 65 anos que nos separam dela, todos sabemos que a possibilidade de uma "cultura integral do indivíduo" se afasta cada vez mais do que imaginámos ser o seu previsível horizonte, todos sabemos que a "alma coletiva das massas", que Bento de Jesus Caraça queria ver despertar, nem sempre é boa conselheira. De certo modo, ele já o estava admitindo quando escreveu: "Sei demasiado [...] quanto são falíveis ainda os juízos mais prudentes, e, se não receio o erro, é só porque estou sempre pronto a corrigi-lo". Magnífica lição, direi mesmo que a melhor de todas, porque essas palavras constituem, a meu ver, o núcleo mais fértil do seu discurso. É ocioso dizer que Bento Caraça, hoje, escreveria diferentemente da "cultura integral do indivíduo", é até duvidoso, tendo em conta a situação atual do mundo, que considerasse de utilidade abordá-lo, mas o que não é duvidoso nem ocioso é pensar que aquelas palavras — "Se não receio o erro, é só porque estou sempre pronto a corrigi-lo" — voltariam a acudir à sua mente e que as escreveria com a mesma profunda convicção. E talvez repetisse ainda, letra por letra, agora com mais motivos do que então poderia supor: "O poder revolucionário duma ideia mede-se [...] pelo grau em que ela interpreta as aspirações gerais, dadas as circunstâncias do momento em que atua. Assim, uma ideia ou teoria que, em dada época, é revolucionária, pode, noutra em que as circunstâncias sejam diferentes, ter perdido por completo esse carácter".

O que Bento Caraça está a dizer aqui, se não interpreto mal as suas palavras, lembra singularmente a parábola do vinho e dos odres que se pode ler em são Marcos: "Ninguém deita vinho novo em odres velhos; se o fizer, o vinho acabará por romper os odres e perder-se-á o vinho, juntamente com os odres. Mas o vinho novo deita-se em odres novos". Tenho a certeza de que Bento Caraça, apesar de comunista, laico e republicano, não se importaria de subscrever estas palavras do evangelista... O vinho novo é a nova ideia que virá tomar o lugar da antiga, o odre novo é a consciência em que essa ideia se vai formando, do mesmo passo que é formada por ela. Quando "os interesses egoístas dos dirigentes se sobrepõem aos interesses gerais", diz Caraça, "dá-se um anquilosamento da classe dirigente; a doutrina ou teoria, em cujo nome antes lutara e vencera, perde o seu carácter revolucionário, torna-se, primeiro, conservadora, e mais tarde, quando os antagonismos são flagrantes e se trava a luta, reacionária". São sábias palavras, estas. Quanto sofrimento físico, quanta dor moral, quantos desalentos e frustrações se teriam evitado se as tivéssemos recordado em alguns momentos da nossa história recente!... É que se é certo que as ideias, por serem ou para serem novas, não têm necessariamente de aparecer como contrárias ou inimigas das antigas, também as próprias ideias antigas deveriam ser capazes de gerar, a tempo, no seu interior, a semente do novo que lhes sustentaria a vida e prolongaria o espírito. É talvez uma questão de cultura, essa que para Bento de Jesus Caraça constituía o problema central do seu tempo, e, provavelmente com mais razão ainda, digo, do nosso. Quando Bento Caraça, à pergunta "O que é um homem culto?", responde: "É aquele que tem consciência da sua posição na sociedade a que pertence, aquele que tem consciência da sua personalidade e da dignidade que é inerente à existência como ser humano" — está a interpelar-nos a nós diretamente. Diga cada um que parte tem e que lugar ocupa nesta definição, ou se, pelo contrário, nos estamos resignando a ser como aquela gente que Nietzsche satiriza, os que vão pela vida piscando os olhos uns aos outros, dando-se ares de entendidos, como quem acredita conhecer tudo só porque conhece o que lhe permitiram que conhecesse. É por isso que um conjunto de questões que terá começado por parecer limitado ao âmbito da cultura é, na realidade, em sentido absoluto, uma questão social. Velhos, muito velhos, antigos, muito antigos, são já Marx e Engels, e escreveram, em *A sagrada família*, as palavras para mim mais iluminadoras e para sempre novas de todo o materialismo histórico, estas que também poderiam ser um resumo do pensamento de Bento de Jesus Caraça: "Se o homem é formado pelas circunstâncias, então será preciso formar as circunstâncias humanamente".

23 de abril

Abertura da Feira do Livro. Entrevista à SIC. Leitores e leituras... Só lê quem quer...

24 de abril

Museu de Arte Antiga. José Luís Porfírio, Dagoberto Markl. A Rocha do Conde de Óbidos. O rio.

25 de abril

Regresso a Lanzarote. Atrasos.

28 de abril

Filmagens de *Esta es mi tierra* em casa. Tive de ler em português e em castelhano uma passagem dos *Cadernos*, aquela em que falo das ideias que me têm servido de governo em todas as circunstâncias, boas e más, da vida... Depois, a pedido de Josefina Molina, dei uma volta pelo jardim, começando por subornar pelo estômago os cães para que ficassem comigo enquanto o operador fazia o seu trabalho. *Pepe*, que é a máxima expressão da ansiedade em canino, largou-me quando viu que se acabara a comida, mas *Camões*, dos três o mais equilibrado (*Greta* andava não sei por onde), acudiu rápido quando o tornei a chamar. Tinha encontrado entre as couves a velha bola de ténis com que costumam brincar, e ele executou a habilidade clássica. Correu a buscá-la e depois, com ela na boca, ficou a olhar para mim. Já tinha feito bastante, mas devia ter-lhe parecido pouco. Quando me sentei num degrau da escada que leva ao terraço, instalou-se ao meu lado e pôs uma cara sorridente que lhe valeu um grande plano... O meu passeio foi o de sempre nestas situações, isto é, fazer de conta: as palmeiras, as oliveiras, as alfarrobeiras, tocar-lhes, passar-lhes os dedos pelas folhas, dizer-lhes uma palavra, como se não pudessem crescer sem estas atenções. À tarde, na Montanha Branca, o vento parecia querer levantar-me do chão. Aquela encosta íngreme, muito mais íngreme ali que quando a vemos de longe, resvaladiça, rasgada de barrancos, surgiu-me outra vez como uma tentação. Calculei que não seria capaz de chegar lá acima, não tinha o corpo preparado para o esforço. É verdade que também não o estava quando há cinco anos subi a montanha, mas a diferença entre o então e o agora é precisamente essa, cinco anos... E daí, quem sabe? Se interrogo as minhas forças, ou a simples vontade de as usar, creio que não me faltariam de todo se as convocasse a uma nova ascensão. Ousá-lo-ei alguma vez? Teria de começar por convencer Pilar a deixar-me ir...

    Nasci e fui criado numa aldeia implantada à beira de dois rios. Ao que está mais perto, um curso de água modesto que leva o enigmático e ressoante nome de Almonda, chega-se, praticamente, só com descer o degrau da porta das casas ribeirinhas. O outro, de caudal avantajado e histórias mais aventurosas, chama-se Tejo, e passa, quase sempre plácido, às vezes violento, a menos de um quilómetro de distância. Durante muitos anos, de um modo que quase diria orgânico, o conceito de beleza paisagística andou associado no meu espírito à imagem de movediças toalhas de água, de pequenos e lentos barcos levados a remo ou à vara por entre limos e espadanas, de frescas margens em que se alinhavam freixos, choupos e salgueiros, de vastas campinas que as cheias no inverno inundavam e fertilizavam. À imagem, também, dos calados e misteriosos olivais que rodeavam a aldeia pelo outro lado, emoldurada entre a vegetação exuberante que os dois rios nutriam e a suave monotonia de verde, cinza e prata que, como ondulante oceano, igualava a copa das oliveiras. Foi este o mundo em que, criança, e depois adolescente, me iniciei na mais humana e formativa de todas as artes: a da contemplação. Sabia, como toda a gente, que existiam noutros lugares do planeta montanhas e desertos, selvas e savanas, sertões e tundras, observava e guardava na memória as imagens que os livros me mostravam desses sítios para mim inalcançáveis, mas a realidade sobrenatural do meu mundo de então, aquela que os olhos despertos, as mãos nuas e os pés descalços não precisavam de apreender objetivamente porque de contínuo a iam captando através de uma infinita cadeia de impressões sensoriais, consubstanciava-se, afinal de contas, numa banal paisagem campestre, onde, como em qualquer outro lugar onde tenha nascido e crescido um ser humano, simplesmente um espírito se estava formando.

É comum ouvir-se dizer que a paisagem é um estado de alma, que uma vista da natureza, seja ela qual for, não faz mais que devolver-nos, confirmando-a a disposição de espírito com que a tínhamos olhado, e que foram portanto os nossos sentimentos, e só eles, que a tornaram triste e alegre, melancólica ou jubilatória, deprimente ou arrebatadora. O mundo exterior a nós seria, pois, em todos os momentos e circunstâncias, uma espécie de prolongamento do nosso mundo interior e tão variável um como outro. Seria um espelho sempre cambiante das nossas emoções, da mesma maneira que já é só, e mais nunca será, aquilo que os nossos sentidos forem capazes de apreender dele. A córnea multifacetada da mosca vê uma realidade diferente da nossa, o nariz húmido e fremente de um cão sabe muito mais da subtil vibração dos cheiros que o rudimentar olfato humano, para as brânquias do peixe, que extraem por osmose o oxigénio da água, o ar vital que respiramos é tão mortal como para nós o pode ser o pior dos gases tóxicos. Tudo é conforme com o que somos, tudo será conforme o que sentirmos. Penso, sinceramente, que seria uma pessoa diferente daquela em que me tornei se tivessem sido outras as paisagens com que pela primeira vez o mundo se me representou. É na linfa do sangue, e não apenas na memória, que transporto dentro de mim os rios e os olivais da infância e da adolescência, as imagens de um tempo mítico tecido de assombros e contemplações, quando, pouco a pouco, no decurso do próprio processo da sua edificação, o espírito se ia conhecendo e a si mesmo reconhecendo.

Logicamente, com o passo do tempo veio a parecer-me que tudo estaria já mais ou menos terminado na elaboração desse meu ser íntimo, que todo o resto que vivesse e interiorizasse, tanto trabalhos como descobrimentos, tanto pesares como alegrias, tanto leituras como encontros, não poderia constituir senão outras tantas corroborações de quanto havia antes contribuído para definir e explicar a pessoa particular que sou. Não imaginava que a mais profunda comoção estética da minha vida, aquele inesquecível estremecimento que um dia, há muitos anos, me sacudiu da cabeça aos pés quando me achei diante da porta que Miguel Ângelo desenhou para a Biblioteca Lorenziana, em Florença, não imaginava então que esse abalo de todo o meu ser alguma vez viesse a repetir-se, muito menos diante de uma paisagem natural, por mais bela e dramática que fosse, e nem por sombras admitiria que a impressão que ela pudesse causar-me lograsse ser tão avassaladora como a que havia experimentado, num mágico instante de deslumbramento, pela virtude do que, desde esse dia — não uma escultura, não uma cúpula, mas uma simples porta —, tinha passado a ser, para mim, a obra suprema do Buonarroti. E, contudo, assim sucedeu. Quando os meus olhos, atónitos e maravilhados, viram pela primeira vez Timanfaya, quando percorreram e acariciaram o perfil das suas crateras e a paz quase angustiante do seu Vale da Tranquilidade, quando as minhas mãos tocaram a aspereza da lava petrificada, quando das alturas da Montanha Rajada pude perceber o esforço demente dos fogos subterrâneos do globo como se eu próprio os tivesse acendido para com eles romper e dilacerar a atormentada pele da terra, quando tudo isto vi, quando tudo isto senti, achei que deveria agradecer à sorte, ao acaso, à ventura, a esse não sei quê, não sei quem, a essa espécie de predestinação que vai conduzindo os nossos passos, o privilégio de ter contemplado na minha vida, não uma, mas duas vezes, a beleza absoluta.

29 de abril

Morreu a Mariana Vilar. Um coração ao pé da boca, um falar aberto e direto, uma impossibilidade vital de condescender com as hipocrisias do mundo, um juízo sem preconceitos, apenas o da dignidade, que é o único que não se deve perder. Extraordinariamente intuitiva, soube compreender-me desde a primeira hora, mas não calou o reparo de uma dúvida quando a leitura lha suscitava. Inteira de carácter, não virava a cara a inimigos nem a adversidades. Por isso nunca dececionou os seus amigos, que sempre a tiveram onde necessitavam encontrá-la. E não pedia nada em troca nem estabelecia condições. Foi atriz por puro gosto, não por ambição devoradora. O seu melhor papel foi o de ser humano.

Artigo para a *Visão*. Título: "A Ala dos Demorados".
"Duvidei muito sobre a utilidade real de escrever este artigo. A lenha ardeu toda, a fogueira esmoreceu, das cinzas frias só terá ficado a costumada tristeza, aquela que sempre nos deixa acabrunhados depois dos altos febrões de retórica

patriótica a que somos atreitos. Disse para mim mesmo que historiadores imparciais e objetivos já tiveram o escrúpulo de pôr as coisas nos seus lugares, que seriam penas perdidas vir um vulgar literato, como eu sou (ainda por cima suspeito porque vive na terra 'inimiga'...), pedir um pouco mais de inteligência, sensibilidade e bom senso a umas quantas pessoas (e só a essas) que, no passado, meu e seu, me habituei a admirar e a respeitar como exemplo de tudo isso. Pedir-lhe que não se ralem tanto com Filipe II, que está morto e enterrado, nem com o Portugal do século XVI, que já não pode fazer nada por ele, nem nós por ele. E que, se ainda há algum patriotismo necessário e urgente, esse não é o de ontem, mas o de hoje, quando os 'heróis do mar' não têm barcos para ir à pesca, quando aos 'canhões' se lhes molhou a pólvora e enferrujam nos arsenais, quando o 'nobre povo, nação valente e imortal' não tem a menor ideia acerca do futuro que lhe preparam... Duvidei, mas acabei por escrever, como já se vai notando.

"A guerra perdida que mais nos dói é uma que não chegou a haver, é aquela que nasceu da consciência crítica de Eça de Queiroz e da sua desencantada compreensão da gente que somos: refiro-me ao relato menor (menor de um ponto de vista apenas 'literário') que é *A batalha do Caia*, quem sabe se falhado na sua realização por causa da própria e insuportável dimensão da frustração coletiva que pretendeu traduzir. Não nos bastou ter ganho em Aljubarrota, ainda tivemos de inventar uma Brites de Almeida capaz de matar sete castelhanos com a pá do forno... De cada vez que aconteceu vencermos os espanhóis nos campos de batalha, ficámos com um sabor amargo na boca:

tínhamos ganho, sim, mas o triunfo era provisório. De cada vez que calhou vencerem-nos eles, deitámos as mãos à cabeça e começámos a planger outro daqueles desolados e lacrimosos *finis patriae* de que está feita (também, também...) a nossa história. É possível que uma parte do sal que há no mar sejam realmente lágrimas de Portugal, como, com toda a seriedade, nos asseverou Pessoa, mas, em compensação, naquelas que de tempos a tempos vamos chorar ao Caia, há que reconhecer que levam mais de insosso que de salgado... E o pior de tudo é que, na nossa boca, até os protestos, quando surgem, parecem lástimas de carpideira e sermões de Encontro.

"Filipe II vem aí outra vez, já se passeia entre nós. Não parece o mesmo, entrou disfarçado de historiador, de escritor, de pintor, de escultor, de músico, de ator, de bailarino, de arquiteto, de decorador, e finalmente de turista, desembarca todos os dias dos aviões da Ibéria que aterram na Portela de Sacavém, atravessa descaradamente a fronteira nos camiões que transportam obras de arte para a Exposição de Lisboa (não escrevo Expo'98 porque sou do tempo da Maria Cachucha...), e, provocação suprema, não nos pediu desculpa (ou perdão, como mandam fazer o pensamento politicamente correto e a hipocrisia das nações) por se ter sentado, com toda a legitimidade, no trono vazio de Portugal.

"A mim o que me assombra é esta persistente mania nossa de querermos ganhar, por via de mecanismos psicológicos mais ou menos supletivos (sofremos de uma enfermidade, pelos vistos incurável, chamada *Mensagem*...), as guerras que perdemos. E o pior é que, no meio desse patético afã restaurador, dessa aflição de débeis agarrados à memória de uma força antiga, não percebemos que viemos perdendo outras guerras e que continuamos a perdê-las todos os dias. Não nos apercebemos, por exemplo, de que o 'trono de Portugal' (em sentido figurado, entenda-se) está a ficar cada vez mais vazio, de que as ordenações e as pautas da vida portuguesa, tanto no plano material como no plano espiritual, nos vêm hoje *tão de fora* como *de fora* nos veio Filipe II. Contra isso não vejo que reclamem os 98 signatários da carta ao primeiro-ministro: pugnar pela honra de bandeiras velhas é menos arriscado que atrever-se a duvidar da legitimidade das novas.

"É sina nossa, sempre chegamos tarde. Depois da Ala dos Namorados, em Aljubarrota, temos agora, perdida por aí, algures no tempo, a Ala dos Demorados. Sempre chegamos tarde."

2 de maio

No avião para Milão a aranha (o aranhiço minúsculo...) que fazia a teia num recôncavo lateral do espaldar da cadeira da frente. Como entrou? Como pensa sobreviver? Giancarlo à nossa espera. Minutos antes tinha chegado também um professor da Universidade das Ilhas Baleares, Antonio Bernat Vistarini. Viagem de automóvel para Turim. Hospedagem no Hotel Turin Palace. Carmélia. Jantar no Restaurante Otto Colonne.

3 de maio

Um motor ao lado da janela do quarto. Mudança. Viagem de autocarro (pequeno) para um almoço no campo. Casa de uma professora chamada Lisi (Elisabetta), em Luserna San Giovanni, perto da fronteira francesa. A região é a dos Vales Valdeses (de Valdo, o herético do século XII ou XIII). Perto há uma estação de inverno chamada Sestriere. Almoço agradável com grandes debates. Jantar no Otto Colonne, já com o embaixador, João Diogo Nunes Barata, e o conselheiro cultural, Jaime Raposo. Presentes, além de Giancarlo, Pablo e Carmélia: Filipe de Sousa, cuja mala não chegou de Paris, Teresa Rita Lopes, Carlos Reis, Irene Lima, Ana Ester Neves e Mário Vieira de Carvalho.

4 de maio

Abertura do Congresso, de que sou presidente... De manhã, sessão inaugural. À tarde, sessão sobre literatura. O primeiro a falar foi Antonio Bernat Vistarini, com um excelente estudo sobre d. Francisco Manuel de Melo, depois Carlos Reis falando sobre o diálogo que tivemos em Lanzarote e comentando declarações minhas, a seguir Ana Hatherly, que estando em Milão manifestou desejo de participar, e finalmente eu, que falei sobre a "reinvenção" da língua portuguesa.

Na segunda sessão do dia, sobre o tema "Machismo, fascismo, na linguagem quotidiana", falaram Anna Bravo, professora da Universidade de Turim, Teresa Rita Lopes e Pilar. Enquanto Pilar, que abriu a série de comunicações, se centrou nas questões da relação do casal, em particular na violência doméstica, Teresa Rita Lopes analisou os termos que designam correntemente os órgãos sexuais masculinos e femininos. Quanto a Anna Bravo, da Universidade de Turim, cuja dicção em geral me escapava, com a agravante de que falou sem dar atenção ao microfone, praticamente nada entendi...

5 de maio

Teresa Rita Lopes falou sobre a sua relação com Álvaro de Campos.

No Palazzo Civico, encontro dos congressistas com a v Comissão Conciliar Permanente da Comuna de Turim (o síndaco chama-se Valentino Castellani). A cidade decorada com imagens religiosas. Projeções luminosas à noite com quadros religiosos.

O almoço foi no Restaurante Del Cambio (calhou ficar sentado no lugar onde se sentava Cavour: suspensa da parede, por cima da minha cabeça, havia uma coroa de conde...). Depois de comermos fomos todos (incluindo embaixador e conselheiro cultural...) acompanhar Filipe de Sousa a comprar roupas: fatos, camisas, gravatas, meias, roupa interior, enfim, um enxoval completo... Nunca Turim viu portugueses mais alegres. Filipe de Sousa dizia que o que mais o preocupava era o gato. Que gato, perguntou alguém. O gato que trouxe na mala, respondeu Filipe, não gosto de o deixar em casa. É certo que lhe pus ao lado uma lata de leite condensado, mas não sei se ele será capaz de abri-la...

À tarde, sessão sobre música. Azio Corghi fez um percurso pelo trabalho musical realizado até agora sobre textos meus, Irene Lima falou sobre o ensino da música em Portugal, Filipe de Sousa sobre a música nas óperas de António José da Silva, e Mário Vieira de Carvalho sobre contra-hegemonia e transgressão na música de Lopes Graça.

À noite, na Livraria Campus, sessão de autógrafos. Projeção de fotografias de murais urbanos de Lisboa e Milão nos anos 70 por Arno Hammacher. Depois, concerto de guitarra clássica por Filippo Maria Pagliano. Antes da projeção falou Gastone Cottino, decano da Faculdade de Direito, para fazer o elogio mais "arrasador" da minha pessoa. Perguntava-me em silêncio: É de mim que estão a falar?

6 de maio

De manhã, intervenção de Nuno Júdice.

À tarde tratou-se de história. Franco Barcia sobre as relações entre o ducado de Saboia e Portugal nos séculos XVI e XVII, Jorge Flores sobre o papel do intérprete na expansão portuguesa no Oriente nos séculos XVI e XVII, Gianni Perona sobre o Portugal contemporâneo país afim e desconhecido, e finalmente Carlos Reis sobre Eça de Queiroz e a representação da história.

7 de maio

Minha intervenção. Apresentação de Pablo Luis Ávila. Almoço no Restaurante Otto Colonne. A jarrinha dos Abbruzzi que a dona me ofereceu (no jantar, não no almoço). Ao fim da tarde, concerto na aula magna da universidade com Irene Lima, Ana Ester Neves e Filipe de Sousa. A impressão que me causou a "Antagonia" de Alexandre Delgado.
    "Os jovens leem metade do que liam há vinte anos e fazem doze vezes mais desporto." *El País*

8 de maio

Regresso. Longa escala em Madrid. Alfaguara. Diego Talavera, diretor do *La Provincia*, telefona para dizer que me deram um prémio. Um júri composto por alunos de cou (Curso de Orientação Universitária) de cinco institutos galegos premiou *Ensaio sobre a cegueira* como o melhor romance do ano. A decisão da quarta edição do prémio Arcebispo Juan de San Clemente, dotado com 500 mil pesetas, foi anunciada no dia 6 no Instituto Rosalía de Castro, de Santiago. Está a ser preparada a quinta edição de *Todos os nomes*. Quando chegámos ao aeroporto de Lisboa encontrámos Filipe de Sousa, que tinha vindo por Paris, a braços com um problema: uma das suas malas não chegara. O divertido do caso é que esta mala é a mesma que levou quatro dias a chegar a Turim... Mais divertido ainda foi ter dito Filipe de Sousa à funcionária que o atendia: O que me preocupa é o gato...

9 *de maio*

Feira do Livro. Muitos leitores jovens. O afeto de sempre. O homem que passou por mim: "Já cá estava a fazer falta".

10 *de maio*

Feira do Livro. Uma leitora conta-me que uma sua amiga, depois de ler *Terra do pecado*, lhe perguntou: "Como é que um homem tão novo podia saber tanto das mulheres?". Assombro meu... O rapaz sueco que foi atrás de mim para me cumprimentar.

11 *de maio*

Visita a Luiz Francisco Rebello. Feira. O tradutor da Bíblia. Conversa sobre O *Evangelho segundo Jesus Cristo*. O professor judeu. Conversa sobre o Evangelho... O tradutor que me ofereceu a Bíblia. O moço sueco chama-se Miguel Herramz. Ofereci-lhe O *ano de 1993*. Os brasileiros. O museu dos bonecos na Casa do Pontal, Rio de Janeiro.

12 de maio

Almoço com Luciana Stegagno Picchio. Palavras de Manuel Anselmo: "Gosto do Saramago porque ficou igual depois de se tornar célebre".
    Sessão no Grémio Literário. Estupenda apresentação de José Manuel Mendes. Lídia Jorge, Augusto Abelaira, Almeida Faria. As felicitações de Abelaira no fim. Vindas da boca dele...

13 de maio

Gravação com Judite Lima e António Santos Silva. Na feira outra vez os brasileiros. Herramz vem com uma colega que se chama Ana Bergman. Simpática rapariga.

14 de maio

ISPA, Instituto Superior de Psicologia Aplicada. Zeferino, António Melo.

15 de maio

O jornal *Vinte e Quatro Horas* informa que a Câmara Municipal de Mafra deu parecer negativo à proposta, apresentada pelo respetivo conselho diretivo, para que fosse atribuído o meu nome à escola secundária da cidade. As razões são as do costume… Que canseira isto me dá!…

19 de maio

Carta de Frederico Monteiro da Silva. A questão da matança dos inocentes.

24 de maio

Chiapas, nome de dor e de esperança:
"Em 1721, com uma ingenuidade fingida que não escondia a acidez do sarcasmo, Charles-Louis de Secondat perguntou-nos: 'Persas? Mas, como é possível ser-se persa?'. Vai já para trezentos anos que o barão de Montesquieu escreveu as suas famosas *Lettres persanes*, e até agora ainda não conseguimos encontrar a maneira de elaborar uma resposta inteligente à mais essencial das questões que se contêm no roteiro histórico das relações entre os seres humanos. De facto, continuamos a não entender como foi *possível* a alguém ter sido 'persa' e, ainda por cima, como se já não fosse desproporcionada tal extravagância, persistir em sê-lo hoje, quando o espetáculo que o mundo nos oferece nos pretende convencer de que só é desejável e proveitoso ser-se aquilo que, em termos muito gerais e artificiosamente conciliadores, é costume designar por 'ocidental' (ocidental de mentalidade, de modas, de gostos, de

hábitos, de interesses, de manias, de ideias...), ou, no caso demasiado frequente de não se ter logrado chegar a alturas tão sublimes, ser-se ao menos bastardamente 'ocidentalizado', quer esse resultado tenha sido alcançado pela força da persuasão, quer, de modo mais radical, se outro remédio não houve, pela persuasão da força.

"Ser 'persa' é ser o estranho, é ser o diferente, é, numa palavra, ser *outro*. A simples existência do 'persa' tem bastado para incomodar, confundir, desorganizar, perturbar a mecânica das instituições, o 'persa' pode ir mesmo ao extremo inadmissível de desassossegar aquilo de que todos os governos do mundo são mais ciosos: a soberana tranquilidade do poder. Foram e são 'persas' os índios do Brasil (onde os sem-terra representam agora uma outra modalidade de 'persas'), foram, mas quase já deixaram de ser 'persas' os índios dos Estados Unidos, foram 'persas', no seu tempo, os incas, os maias e os astecas, foram e são 'persas' os seus descendentes, lá onde quer que tenham vivido e ainda vivam. Há 'persas' na Guatemala, na Bolívia, na Colômbia, no Peru. Também sobreabundam os 'persas' na dolorida terra mexicana, que foi de onde a câmara interrogadora e rigorosa de Sebastião Salgado trouxe o estremecimento das comovedoras imagens que aqui frontalmente nos interpelam. Que dizem: 'Como é possível que vos falte, a vós, 'ocidentais' e 'ocidentalizados' do Norte e do Sul, do Este e do Oeste, tão cultos, tão civilizados, tão perfeitos, o pouco de inteligência e de sensibilidade suficiente para compreender-nos, a nós, os 'persas' de Chiapas?'.

"Disso, realmente, se trataria de compreender. Compreender a expressão destes olhares, a gravidade destes rostos, o simples modo de estar juntos, de sentir e de pensar juntos, de chorar em comum as mesmas lágrimas, de sorrir o mesmo sorriso, compreender as mãos do único sobrevivente de uma matança colocadas como asas protetoras sobre as cabeças das filhas, compreender este rio infindável de vivos e de mortos, este sangue perdido, esta esperança ganha, este silêncio de quem leva séculos protestando por respeito e justiça, esta ira represada de quem finalmente se cansou de esperar. Quando, há seis anos, as alterações introduzidas na Constituição mexicana, em obediência à 'revolução económica' neoliberal orientada do exterior e impiedosamente aplicada pelo governo, vieram pôr termo à distribuição agrária e reduzir a nada a possibilidade de os camponeses sem-terra disporem de uma parcela de terreno para cultivar, os indígenas acreditaram que poderiam defender os seus direitos históricos (ou simplesmente consuetudinários, no caso de se pretender que as comunidades índias não ocupam nenhum lugar na história do México...), organizando-se em sociedades civis que se caracterizavam e assim se continuam a caracterizar, singularmente, por repudiar qualquer tipo de violência, começando pelo que poderia ser a sua própria. Essas sociedades tiveram, desde o princípio, o apoio da Igreja católica, mas essa proteção de pouco lhes serviu: os seus dirigentes e representantes foram sucessivamente metidos na cadeia, cresceu a perseguição sistemática, implacável, brutal por parte dos poderes do Estado e dos grandes latifundiários, mancomunados à sombra dos interesses e privilégios de uns e de outros, prosseguiram as ações violentas de expulsão das terras ancestrais, e as montanhas e a selva tiveram de ser, muitas vezes, o derradeiro refúgio dos deslocados. Aí, entre as névoas densas dos cimos e dos vales, iria germinar a semente da rebelião.

"Os índios de Chiapas não são os únicos humilhados e ofendidos deste mundo: em todas as partes e épocas, com independência de raça, de cor, de costumes, de cultura, de crença religiosa, o ser humano que nos gabamos de ser soube sempre humilhar e ofender aqueles a quem, com triste ironia, continua a chamar seus semelhantes. Inventámos o que não existe na natureza, a crueldade, a tortura, o desprezo. Por um uso perverso da razão viemos dividindo a humanidade em categorias irredutíveis entre si, os ricos e os pobres, os senhores e os escravos, os poderosos e os débeis, os sábios e os ignorantes, e em cada uma dessas divisões fizemos divisões novas, de modo a podermos variar e multiplicar à vontade, incessantemente, os motivos para o desprezo, para a humilhação e a ofensa. Chiapas foi, nestes últimos anos, o lugar onde os mais desprezados, os mais humilhados e os mais ofendidos do México, foram capazes de recuperar intactas uma dignidade e uma honra nunca definitivamente perdidas, o lugar onde a pesada lousa de uma opressão que dura há séculos se despedaçou para deixar passar, na vanguarda de uma procissão interminável de assassinados, uma procissão de viventes novos e diferentes, estes homens, estas mulheres e estas crianças de agora, que nada mais estão reclamando que o respeito pelos seus direitos, não apenas como seres humanos desta humanidade, mas também como índios que querem continuar a ser. Levantaram-se com algumas armas na mão, mas levantaram-se sobretudo com a força moral que unicamente a mesma honra e a mesma dignidade são capazes de fazer nascer e alimentar no espírito, ainda quando o corpo esteja padecendo da fome e das misérias de sempre. Do outro lado dos Altos de Chiapas não está apenas o governo de México, está o mundo inteiro. Por muito que se tenha pretendido reduzir a questão de Chiapas a um mero conflito local, cuja solução só deverá ser encontrada no quadro estrito da aplicação das leis nacionais (hipocritamente moldáveis e ajustáveis, como uma vez mais se viu, às estratégias e às táticas do poder económico e do poder político seu serventuário), o que se está jogando nas montanhas chiapanecas e na Selva Lacandona ultrapassa as fronteiras mexicanas para vir atingir o coração daquela parte da humanidade que não renunciou nem renunciará nunca ao sonho e à esperança, ao simples imperativo de uma justiça igual para todos. Como escreveu um dia essa figura por muitos motivos excecional e exemplar que conhecemos sob o nome de subcomandante insurgente Marcos, 'um mundo onde caibam muitos mundos, um mundo que seja uno e diverso', um mundo, permito-me eu acrescentar, que para todo o sempre declarasse intocável o direito de cada qual a ser 'persa' pelo tempo que quiser e não obedecendo a nada mais que às suas próprias razões.

"Os maciços montanhosos de Chiapas são, sem dúvida, uma das mais assombrosas paisagens que os meus olhos alguma vez viram, mas são também um lugar onde a violência e o crime protegido campeiam. Milhares de indígenas, expulsos das suas casas e das suas terras pelo 'imperdoável delito' de serem simpatizantes silenciosos ou confessos da Frente Zapatista de Libertação Nacional, estão amontoados em acampamentos de barracas improvisadas onde a comida falta, onde a pouca água de que dispõem está quase sempre contaminada, onde doenças como a tuberculose, a cólera, o sarampo, o tétano, a pneumonia, o tifo, o paludismo vão dizimando adultos e crianças, tudo isto perante a indiferença das autoridades e da medicina oficial. Ao redor de 60 mil soldados, nada mais nada menos que um terço dos efetivos permanentes do Exército mexicano, ocupam atualmente o estado de Chiapas, a pretexto de defender e assegurar a ordem pública. Ora, a realidade dos factos desmente a justificação. Se o Exército mexicano protege uma parte dos indígenas, e não só os protege como igualmente os arma, instrui, treina e municia, esses indígenas, no geral dependentes e subordinados ao Partido Revolucionário Institucional (PRI), que vem exercendo desde há setenta anos, sem interrupção, um poder praticamente absoluto, são, mas não por qualquer extraordinária coincidência, aqueles que formam os diversos grupos paramilitares constituídos com o objetivo de realizarem o trabalho repressivo mais sujo, isto é, agredir, violar, assassinar os seus próprios irmãos.

"Acteal foi um episódio mais da terrível tragédia iniciada em 1492 com as invasões e a conquista. Ao longo de quinhentos anos, os indígenas de Ibero-América (é intencionalmente que emprego esta designação para não deixar fora do julgamento os portugueses, e depois os brasileiros, seus continuadores no processo genocida, que reduziram os 3 ou 4 milhões de índios existentes no Brasil na época dos descobrimentos a pouco mais de 200 mil em 1980), esses indígenas andaram, por assim dizer, de mão em mão, da mão do soldado que os matava à mão do senhor que os explorava, tendo pelo meio a mão da Igreja católica que lhes trocou os deuses por outros, mas que afinal não conseguiu mudar-lhes o espírito. Quando depois da carnificina de Acteal começaram a ouvir-se na rádio vozes que diziam: 'Vamos ganhando', qualquer pessoa desprevenida poderia ter pensado que se tratava de uma proclamação insolente e provocatória dos assassinos. Enganava-se: essas duas palavras eram uma mensagem de ânimo, um recado de coragem que unia pelos ares, como num abraço, as comunidades indígenas. Enquanto choravam os seus mortos, mais 45 a juntar a uma lista cinco vezes secular, as comunidades, estoicamente, erguiam a cabeça, diziam umas às outras: 'Vamos ganhando', porque realmente só pode ter sido uma vitória, e grande, a maior de todas, ser capaz de sobreviver assim à humilhação e à ofensa, ao desprezo, à crueldade e à tortura. Porque esta vitória é do espírito.

"Conta Eduardo Galeano, o grande escritor uruguaio, que Rafael Guillén, antes de tornar-se Marcos, veio a Chiapas e falou aos indígenas, mas eles não o entenderam. 'Então meteu-se na névoa, aprendeu a escutar e foi capaz de falar.' A mesma névoa que impede de ver é também a janela aberta para o mundo do outro, o mundo do índio, o mundo do 'persa'... Olhemos em silêncio, aprendamos a ouvir, talvez depois, finalmente, sejamos capazes de compreender."

27 de maio

Assinado por Manuel de Melo, com o título "A saga", foi publicado no jornal *Avante!* de 21 deste mês o artigo seguinte:
  "Em tempos, a Câmara de Mafra entendeu, no seu iluminado juízo, que não era devido a José Saramago qualquer tributo por ter escrito *Memorial do convento* e, como esse livro universalmente aplaudido, haver projetado como ninguém o crédito e a imagem de uma comunidade perdida na inclemência dos mapas. É certo que existira antes, no Olimpo de Cavaco, aquele nobilitante episódio do subsecretário de Estado Sousa Lara a trucidar *O Evangelho segundo Jesus Cristo*, decerto em defesa da fé e do Império, a ele, a ele, senhores!, a ele que o poder é do PSD, irrestrito e eterno, a ele e quantos o apoiaram pela ação e pelo silêncio. Estimulado por intelectuais da envergadura de Santana Lopes e seus chefes, Lara assumia assim uma cristianíssima campanha de dislates e dava o mote. As hostes seguiriam o exemplo, esta água que do alto vau acorda fantasmas antigos, Sá de Miranda!, muita espadeirada a espadeirada muita se sucedeu, as luminárias de Mafra acrescentaram treva à treva e não foram poucos os que se calaram, cúmplices ou cobardes, pequeninos sem dúvida, roídos de varizes que são inveja e azedume.

"Mais tarde, a Assembleia Municipal da autarquia aprovou uma proposta dos eleitos da CDU para que ao escritor fosse outorgada a Medalha de Honra do concelho. Votação inútil — o veto do Executivo não tardaria. Razões? Para quê recordá-las? São artistas da direita de verbo em riste, gente longamente afeiçoada à inteligência do porrete e do despeito, com ditos como víboras, preferindo a pertinácia dos esbirros ao emendar da mão em caso de atoleiro. O país tomou conhecimento das declarações daquele deputado do PP que, hasteado em censor gramático, tão patusco como o pior Castilho e o pior José Agostinho de Macedo, condenou o português do autor aos calabouços dos réprobos. Tomou conhecimento e riu, quero crer que riu, tantas vezes o riso exprime indignação e desprezo. Falo do país dos leitores, claro. Boa parte do outro permaneceu impávido, esquálido ou bilioso como lhe é peculiar. Entretanto, porque a democracia possui as suas regras e os seus régulos, a vereação prosseguiu a saga que em hora de glória iniciara, saga de pirilampo doente mas saga, gesta, epopeia à rasa medida do possível.

"Enquanto isto, Lanzarote dava ao romancista o estatuto de filho adotivo e de conselheiro vitalício. Enquanto isto, sucediam-se doutoramentos honoris causa em universidades das sete partidas. Enquanto isto, uma pequena localidade escocesa quis que uma das suas ruas se denominasse José Saramago. Momentos de simples gratitude e elevação, entre inúmeros, momentos de reconhecimento por uma obra cuja singularidade marca o presente da literatura. O mundo, já se vê, anda virado do avesso, volta as costas aos edis de Mafra e à refulgência do seu pensamento, rico de fibras e artroses. Um horror, um prenúncio de apocalipse. Celebrar quem tão mal se exprime na língua pátria e, não contente com o facto, propaga a subversão marxista nesta época de triunfo neoliberal...

"O pior, contudo, é que o caldo se entorna ao pé da porta. Não é que um grupo de docentes se lembrou de atribuir a uma escola de Mafra o ímpio nome? Fiel ao espírito de missão de que deu provas, o Executivo, mediante parecer meramente consultivo, aferrolhou-se na negativa. Um dique é um dique, com mil diabos, maior ainda quando assente em obstinação e cegueira, que quer agora essa vaga de professorecos tocados a vento vermelho?, só por cima do cadáver dos ilustres do município e seus institucionais representantes! E ai de quem ouse afrontá-los.

"Estão as coisas neste preparo, a ver onde param as modas, em banho-maria ou refervendo em lume pouco brando afinal, suspensas da decisão do Ministério da Educação, entidade amiúde casmurra e quase sempre lenta. Que resolverá Marçal Grilo, Marçal Grilo sinédoque, Marçal Grilo ou alguém por ele em qualquer caso, ele e Guterres portanto? Irá na peugada do dr. Sousa Lara, premiando o génio dos que combatem a moirama de pena inepta e rebelde? É jeito que se lhe conhece, esse de alaranjar a prática e o discurso... Ou escolherá o lado da clarividência e da saúde democrática? Sem detença nem manobras de divisão? Certo é que, a partir daqui, já os olhos se não porão sobretudo naquele punhado de bravos que vereia por terras do Convento. Tem a palavra o governo do Partido Socialista. Capaz de tudo, como sabemos."

28 de maio

Uma leitora israelita, Miriam Ringel, estudante universitária pergunta-me, entre outras coisas, se é correto dizer-se que "descanonizo" poetas (Fernando Pessoa) e obras canónicas (Bíblia) para parodiá-las e exprimir ideias humanistas. Respondi-lhe que o conceito de "paródia" é, a meu ver, demasiado equívoco para ser usado na análise dos meus livros. Em sentido etimológico, sim, uma vez que "paródia" significa "canto que está ao lado" (alguns dos meus romances, efetivamente, *estão ao lado* de obras de outros autores), mas esse sentido perdeu-se na linguagem comum e o que ficou foi uma ideia de "imitação burlesca", o que, como se sabe, nada tem que ver com o meu trabalho. Concordaria com o conceito de "descanonização", entendido, porém, como "retorno de humanização" ao que antes havia sido divinizado ou mitificado. Nunca como "imitação burlesca". Aliás, não acredito nem nunca acreditei que o riso pudesse mudar alguma coisa no mundo. Enquanto eu estiver a rir-me do poder, por exemplo, esse mesmo poder estará, também por exemplo, a matar alguém. E a morte não dá (ou não deveria dar) vontade de rir. Miriam Ringel também quis saber se me considero "modernista" ou "pós-modernista"... Respondi-lhe que não sei o que sou, que essas subtilezas escapam à minha inteligência. Escrevo o melhor que posso os livros que tenho na cabeça, mas nunca ousaria classificá-los como "modernistas" ou "pós-modernistas". Aqueles a quem hoje chamamos "clássicos" também não se designavam a si mesmos como tal, e Piero della Francesca, se lhe fossem perguntar o que era, nunca diria: "Sou renascentista...".

29 de maio

A propósito do colóquio realizado no Grémio Literário, onde, entre muitas outras coisas, se tornou a falar de O *Evangelho segundo Jesus Cristo*, recebi de um leitor, Frederico Monteiro da Silva, residente em Cascais, uma carta simpática em que me adverte de que José não podia saber que Herodes mandaria matar as crianças de Belém e por isso não pode ser-lhe assacada qualquer responsabilidade, mesmo que indireta, no "crime". Respondi-lhe hoje nestes termos:
"É certo que José só foi avisado de que a vida do Menino corria perigo e portanto não poderia prever que Herodes mandaria matar as outras crianças. Mas estaria realmente em perigo a vida do pequeno Jesus? Não. Se assim fosse, a sua vinda ao mundo não teria qualquer sentido: Deus não nos enviaria o seu Filho para que ele morresse aos poucos meses de idade... Admitamos que o carpinteiro José não podia fazer estes raciocínios. Como quer que fosse, Herodes não sabia a quem tinha de matar (esperava que os magos lhe revelassem a identidade do 'rei dos judeus' que acabara de nascer). Logo, descoberto o engano, a solução só podia ser matar todas as crianças, com a esperança de que o recém-nascido Messias estivesse entre elas. A pergunta, agora, é: como podia Herodes saber que uma insignificante família de Belém se tinha ido

embora? Outra pergunta: supondo que teve conhecimento da fuga, que razões teria para pensar que estava precisamente ali a criança que procurava? Outra pergunta mais: se soube que Jesus tinha escapado à morte, por que mandou matar as crianças *até aos dois anos*? Outra pergunta ainda: não significará isto que Herodes julgava que Jesus ainda estava em Belém (embora seja de estranhar que nenhuma autoridade local se tenha apercebido da Adoração, ainda por cima com tanta solenidade) e que a decisão de mandar matar as crianças todas resultou de ter sido ludibriado pelos Magos, que não lhe deram a informação que queria? E outra pergunta, para terminar: Deus sabia que Herodes queria matar o Menino e *não sabia* que ele mataria as trinta ou quarenta crianças de Belém? Que é que Deus sabe e não sabe? E José? Como de costume, o mais inocente é aquele que carrega com as culpas. Defendo o meu ponto de vista: o aviso que José recebeu no sonho deveria tê-lo levado (se fosse simplesmente humano, se não fosse em todo o relato evangélico pouco mais que um títere) a pensar que alguma coisa de mau poderia suceder às outras crianças se a Sua (que sua não era) fosse levada de Belém para o Egito, escapando assim à morte. Afinal, Herodes tinha má fama suficiente para o pôr de sobreaviso... Que fica de tudo isto? O absurdo da matança dos inocentes, *um absurdo total*, examine-se como se examinar. Esse absurdo foi o que me fez escrever o meu *Evangelho*. Que não quis ser mais que uma reflexão sobre a culpa e a responsabilidade. Esse pouco ou esse muito, consoante se entenda."

30 de maio

Viagem a Madrid.

31 de maio

"Todos sabemos como a história começa: naquele lugar de La Mancha, cujo nome nunca viremos a conhecer, vivia um fidalgo pobre chamado Alonso Quijano que, um dia, em consequência do muito ler e do muito imaginar, passou do juízo à loucura, tão naturalmente como quem abriu uma porta e a tornou a fechar. Assim o quis Cervantes, talvez porque a mentalidade do seu tempo se recusasse a aceitar que um homem na plena posse das suas faculdades mentais, e sendo embora apenas uma personagem de romance, decidisse, por um simples ato de vontade, deixar de ser quem tinha sido para converter-se em outro: graças à loucura, a rejeição das regras do chamado comportamento racional torna-se pacífica, uma vez que permite desprezar qualquer aproximação ao louco que não proceda em conformidade com as vias redutoras que têm a cura como objetivo... Do ponto de vista dos contemporâneos de Cervantes e das personagens do romance, Quijote é louco porque Quijano enlouqueceu. Em momento algum se insinua a suspeita de ser Quijote, tão somente, ou, pelo contrário, de modo supremo, o *outro* de Quijano. Não obstante, Cervantes tem uma visão muito precisa da irredutibilidade das consequências da mudança de Quijano. Tanto assim que reforma e reorganiza, de alto a baixo, o mundo em que vai entrar essa nova identidade que é Quijote, mudando os nomes e as qualidades de todos os seres e coisas: a estalagem torna-se castelo, os moinhos são gigantes, os rebanhos exércitos, Aldonza transforma-se em Dulcineia, para não falar de uma mísera cavalgadura promovida a épico Rocinante e de uma bacia de barbeiro alçada à dignidade de elmo de Mambrino. Já Sancho, tendo embora de viver e sofrer as aventuras e as imaginações de Quijote, não precisará nunca de enlouquecer nem de mudar de nome: mesmo quando o proclamarem governador de Barataria continuará a ser, no físico e no moral, mas sobretudo na sólida identidade que sempre o definiu, Sancho Panza. Nada mais, mas também nada menos.

"Que nos disse Cervantes da vida de Alonso Quijano antes que a suposta loucura tivesse transformado o mal favorecido homem, que o era tanto de figura como de fortuna, nesse ardoroso e infatigável cavaleiro a quem as derrotas nunca diminuirão o ânimo, antes parecerá encontrar nelas o alento para o combate seguinte, infinitamente perdido e infinitamente recomeçado? Cervantes, dessa vida enigmática, nada nos quis dizer. E, contudo, Alonso Quijano frisava já os cinquenta anos de idade quando Cervantes o plantou inteiro na primeira página do *Quijote*. Mesmo numa aldeia perdida de La Mancha, tão perdida que nem o seu nome se achou, um homem de cinquenta anos teve, por força, uma vida, acidentes, encontros, sentimentos vários. Seus pais, quem foram? De que irmão ou irmão lhe veio a sobrinha? Não teve Alonso Quijano filhos, um varão, por exemplo, que por não ter nascido à sombra do santo sacramento do matrimónio foi deixado ao deus-dará? E a mãe desse filho, quem teria sido? Uma moça de aldeia, barregã por uns tempos, ou apenas tomada de ocasião em tarde de calor, no meio da seara ou atrás de um valado? Conhecemos tudo da vida de d. Quijote de La Mancha, porém nada sabemos da vida de Alonso Quijano, no entanto o mesmo homem, primeiro dotado de razão, depois deixado por ela, senão, como me parece hipótese muito mais sedutora, deixada ela por ele, conscientemente, para que Alonso Quijano pudesse, sob a capa de uma loucura que passaria a justificar tanto o sublime como o ridículo, ser enfim *outro*, para como *outro* poder viver em outros lugares e fazer da labrega Aldonza (quem sabe se antes mãe de filhos que não foram reconhecidos?) uma puríssima e inalcançável Dulcineia, mudando assim, como por uma operação alquímica, o chumbo cinzento em ouro resplandecente.

"É neste ponto, segundo entendo, que nos encontramos perante a questão crucial. Se Alonso Quijano foi o mero invólucro físico de um delírio mental produzido pelo muito ler e pelo muito imaginar, então não haveria grandes diferenças entre ele e aqueles outros loucos que, dois ou três séculos mais tarde, se tomaram por Napoleão Bonaparte só porque dele ouviram falar ou acerca dele leram, como capitão, general e imperador. Ora, quanto a mim, prefiro acreditar que em um dia da sua insignificante vida Alonso Quijano decidiu *ser outra pessoa*, e, tendo, por isso mesmo, que colocar-se *contra* o seu tempo, em que só a *pessoa* Quijano poderia ter lugar, optou por fazer aquilo que ninguém já ousaria: restabelecer a ordem da cavalaria andante, pondo ao seu serviço, por inteiro, a alma e o corpo. Se falasse francês, Alonso Quijano poderia ter antecipado, naquele seu momento fundador, o dito célebre de Rimbaud: *La vraie vie est ailleurs*. Pelo menos, podemos imaginar que, ao deixar a tranquilidade e a segurança da casa, grotescamente armado, montado na esquelética cavalgadura, poderia ter proferido, no seu manchego castelhano, estas palavras, postas aqui também na língua de Rimbaud para conservar o paralelismo, e que seriam, ao mesmo tempo, uma divisa e um programa: *Le vrai moi est ailleurs*. E foi assim que começou a caminhar, já outro, e portanto à procura de si mesmo.

"Este jogo entre um eu (Quijano) que se torna em um outro (Quijote), ponto forte, se me atrevo a dizê-lo, desta minha interpretação, encontra uma simetria recente no conhecido sistema de espelhos, cientemente organizado por Fernando Pessoa, que é a constelação heteronímica. Sendo os tempos diferentes, Pessoa não necessitou de enlouquecer para se tornar nesses outros Napoleões que são o Álvaro de Campos da *Tabacaria*, o Alberto Caeiro do *Guardador de rebanhos*, o Ricardo Reis das *Odes*, ou o Bernardo Soares do *Livro do desassossego*. Curiosamente, porém (tanto pode, afinal, a suspeita social que pesa sobre aqueles que, de maneira direta ou indireta, aspiraram a retirar-se da humana convivência), o próprio Fernando Pessoa, para dar do seu caso uma explicação que não relevasse da simples e radical vontade de ser outro (ou, mais complexamente, da necessidade imperiosa de não ser quem era), diagnosticou-se a si mesmo como histero-neurasténico, por este processo transitando, com perturbador à vontade, das auras poéticas ao foro da psiquiatria. Isso lhe servirá para explicar os seus heterónimos, atribuindo-se a si mesmo uma 'tendência orgânica e constante para a despersonalização e para a simulação'. Falar de 'despersonalização', neste caso, não parece extremamente rigoroso, quando, pelo contrário, vamos ser testemunhas, não de uma despersonalização — situação, suponho, em que o poeta, tendo deixado de ser quem era, passaria a interrogar-se sobre o que teria sido antes —, mas de uma multipersonalização sucessiva, em que o poeta, no mesmo instante em que deixou de ser ele próprio, assiste à ocupação do vazio por uma nova identidade poética, tornando portanto a ser *alguém*, na medida em que pôde tornar-se *outro*.

"É interessante observar, repito, como Pessoa nos quer fazer crer na 'origem orgânica' dos seus heterónimos, em total e flagrante contradição com a descrição que faz do 'nascimento' deles, que mais parece corresponder a uma sequência de lances de um jogo no interior de outro jogo, como caixas chinesas saindo de caixas chinesas: 'lembrei-me de inventar um poeta bucólico', 'aparecido Alberto Caeiro, tratei logo de lhe descobrir uns discípulos', 'arranquei do seu falso paganismo o Ricardo Reis latente', 'de repente, e em derivação oposta à de Ricardo Reis, surgiu-me impetuosamente um novo indivíduo (Álvaro de Campos)'... É de supor que o aparecimento dos outros heterónimos, ou semi-heterónimos, que foram António Mora, Vicente Guedes ou Bernardo Soares, tenha percorrido caminhos mentais similares e modos de elaboração e definição paralelos. Para fazer um Quijote, Cervantes tinha de levar Quijano à loucura, ao passo que Fernando Pessoa, que já levava dentro de si a tentação de mil vidas diferentes, e que já era, de alguma maneira, personagem de si mesmo, não podendo enlouquecer deveras, e tornar-se, nessa loucura, *outro*, criou para uso seu e mistificação alheia uma fingida histero-neurastenia, ao abrigo da qual se poderia permitir quantas multiplicações o seu espírito fosse capaz de suportar. Parece claro, pois, que a ironia pessoana se vai exercer em duas direções distintas: a do leitor, obrigado pelo poder compulsivo de uma expressão artística invulgar a tomar a sério o que é pura mistificação, e o próprio Pessoa, agente e objeto conscientes dessa mesma mistificação.

"Ou me engano muito, ou não é esse o caso de Cervantes. É verdade que ele, com frieza e indiferença aparentes, parece querer expor, primeiro Quijano e depois Quijote, à irrisão familiar e pública, mas esse homem uno e duplo, Janos bifronte, cabeça de duas caras, de quem o leitor se irá rir mil vezes, também será capaz mil vezes de fazer despertar no nosso espírito os mais subtis sentimentos de solidariedade e compaixão, e, como se tal fosse pouco, criar em nós um desejo profundo e irresistível de identificação com alguém — personagem incorpórea de romance, criatura feita de tinta e papel — em verdade desprovido de tudo, menos de ansiedade e de sonho. Ainda que não o queira confessar, todo o leitor, no segredo do seu coração, desejaria ser d. Quijote. Talvez pelo facto de ele não ter consciência do seu ridículo, e nós vivermos sujeitos a ele em todas as horas lúcidas, mas sobretudo, creio, porque na aventura risível do Cavaleiro da Triste Figura está presente, sempre, o sentimento mais dramaticamente interiorizado e mascarado da existência humana: o da sua finitude. Sabemos de antemão que nenhuma das aventuras de Quijote será mortal ou sequer realmente perigosa, que, pelo contrário, cada uma delas será motivo de novas gargalhadas, mas, em contradição com essa tranquilizadora certeza, que resulta do pacto estabelecido pelo autor desde as primeiras páginas, percebemos que, afinal, Quijote se encontra, a cada passo que dá, em risco permanente, como se, em vez de ter sido ali posto por Cervantes para meter a ridículo os romances de cavalaria, fosse a representação premonitória do homem moderno, sem toga nem coturnos, armado de uma razão desfalecente, incapaz de chegar ao *outro* por não poder conhecer-se a si mesmo, dividido tragicamente entre ser e querer ser, entre ser e ter sido.

"Porém, essa razão a que chamei desfalecente, como um fio que constantemente se parte e cujas pontas dilaceradas constantemente vamos tentando remendar, é o único vade-mécum possível, quer para Quijote, quer para esse outro Sancho/Quijote que é o leitor. Razão de regras instáveis, por certo, mas razão trabalhando em estado de plenitude, ou razão de loucura, se aceitarmos o jogo de Cervantes, mas, num caso como noutro, razão ordenadora, capaz de sobrepor leis novas ao universo das leis velhas apenas por meio de uma introdução sistemática de contrários. Pessoa dispersou-se noutros, e nessa dispersão, porventura, se reencontrou.

Quijano substituiu-se a si mesmo por outro enquanto a morte não chegava para fazer voltar tudo ao princípio, ao primeiro enigma e à primeira tentação: ser alguém que não seja eu, estar num lugar que não seja este.

"Vítima de uma loucura simplesmente humana ou agente de uma vontade sobre-humana de mudança, Quijote procura recriar o mundo, fazê-lo nascer de novo, e morre quando compreende que não bastou ter mudado ele próprio para que o mundo mudasse. É a última derrota de Quijano, a mais amarga de todas, a que não terá salvação. A vontade esgotou-se, não há tempo para enlouquecer outra vez."

1 *de junho*

Apresentação do livro de Ignacio Ramonet, *La tiranía de la comunicación*.

2 *de junho*

A reunião do júri do prémio Rainha Sofia. Ganhou José Ángel Valente... O prémio extraordinário para Rafael Alberti... No caminho para o hotel as duas pessoas que me pararam: uma para me pedir um autógrafo, outra simplesmente para me cumprimentar.

3 de junho

Estava eu, vagamente, a tentar decidir por que ponta haveria de pegar no trabalho que a deslocação a Madrid interrompeu, quando telefona Baptista-Bastos. Pergunta dele: "Chegaste a ler o meu artigo no *Diário Económico*, aquele sobre as desventuras da Câmara de Mafra?". Que não, respondi. "Mas deve vir a caminho, já sabes como é o correio", acrescentei. "Não esperes pelo correio, ouve esta." O que Baptista-Bastos contou a seguir iria deixar-me estupefacto. Que tinha sido convidado a almoçar por um dirigente do PSD, Duarte Lima, e que a conversa à mesa havia sido toda sobre Saramago e a Câmara de Mafra, sobre a Câmara de Mafra e Saramago. Que ele, Duarte Lima, lera o artigo e, preocupado com a situação, foi ter uma conversa com o presidente da edilidade mafrense para lhe fazer notar o absurdo das atitudes que ali têm sido tomadas em relação ao autor do *Memorial do convento*. Posto o que, sem que eu o tenha percebido (provavelmente Baptista-Bastos também não) como é que se passa de uma coisa à outra, deu a grande notícia: "Mafra quer fazer em novembro uma grande homenagem ao Saramago…". As variações de audiofrequência que transportavam a minha voz até Lisboa devem ter apanhado um violento safanão: "O quê?", perguntei. "Que te querem fazer uma homenagem, foi o que ele me pediu que te comunicasse…" "E tu que lhe disseste?" "Olha quem, cantei-lhas. Que é uma vergonha o procedimento que se anda a ter contigo. E não é só Mafra…" "Pois então farás o favor de lhe dizer, já que te meteram nisto, que da Câmara de Mafra só estou disposto a aceitar desculpas públicas, mas que essas desculpas, mesmo no caso de virem a ser-me apresentadas, não me levariam a Mafra para receber palmas fingidas e ouvir as loas hipócritas de quem estupidamente me tem ofendido. Ainda não perdi nem tenciono perder o respeito por mim próprio." "Dar-lhes-ei o recado, fica tranquilo", animou de lá o Baptista-Bastos, "não quero que fiques chateado, mas tinha de te contar." Então acrescentei: "Se Mafra quer fazer-me uma homenagem, e eu acho que a mereço desde há dezasseis anos, que Mafra é essa? Aceitá-la-ia, sim, supondo que o ministério autorizará o meu nome, se fosse a escola a promovê-la, mas, em tal caso, sem a presença de quaisquer autoridades municipais, salvo, a título pessoal, a daquelas pessoas que nos debates da Assembleia Municipal foram solidárias comigo...". "Esta terra não tem conserto", disse o Baptista-Bastos. "Valem-me os amigos", respondi eu.

4 de junho

O artigo de Baptista-Bastos, publicado no dia 22 de maio, que ele me fez chegar por fax, reza assim:
"O município de Mafra, tutelado pelo PSD através de um senhorito que responde pelo vistoso nome de Ministro dos Santos, resolveu, uma vez mais, vetar o nome de José Saramago. O episódio ilumina o carácter eruptivo deste ódio irracional.
"A escola secundária de Mafra queria passar a ter o nome do autor do *Memorial do convento*, homenageando o homem que 'levou o nome (daquela) terra ao mundo inteiro', na

ajuizada expressão de Maria Luísa Barros, presidente do Conselho Diretivo da escola. Nada disso!, bradou, colérico, congestivo, o ministro do Flos Sanctorum. Bateu com o punho na mesa, e deixou espavoridos os circunstantes: Borracha d'apagar pró Saramago!

"Não há explicação plausível para esta estupidez programada. Admito, porém, a hipótese de este ministro hagiológico justificar a reincidência no veto pelo facto de o escritor se declarar ateu todos os dias. Nesse caso, teríamos de reconhecer que o autarca é averiguadamente tolo, ou dissimuladamente descendente de frei Barata, o mais feroz inquisidor do século XVII.

"O surpreendente em tudo isto não é a morbidez de uma criatura cujas recidivas persecutórias são indícios perturbadores de grave enfermidade. Não. O que preocupa é o silêncio deliberado, ou compulsivo, dos dirigentes do PSD, em particular do seu presidente, que na TSF, em tempos idos, reconheceu a grandeza do *Memorial* e o grande talento do seu autor. Sei que é difícil chamar à razão um iletrado, ou educar para a democracia um intolerante. Porém, ó Marcelo, você pode muito bem chamar o infeliz à ordem, e aplicar-lhe, não um puxão de orelhas, que seria talvez vexatório, mas a consolação de um sinapismo pedagógico, expresso na doce oferta de uma cartilha maternal, que seria, pelo menos, instrutivo.

"Ministro dos Santos está, inteiramente, fora do jogo. É uma vergonha para o país e uma desgraça para o PSD. Como pode, em boa verdade, o Marcelo Rebelo de Sousa falar em abertura do partido à sociedade civil, como pode ambicionar ser governo, como pode falar em movimento novo, como pode corresponder aos encantos que vaticina para a pátria, acaso for poder, se tem como autarca um bípede desta desastrosa natureza?"

6 de junho

A carta e o estudo de Miguel Real.

7 de junho

Uma carta de Agustí Vilar Martínez, de Sant Feliu de Llobregat (Catalunha):
"Não sei como tenho o atrevimento de escrever-lhe, sr. S, mas estou certo de que tem muito a ver com minha vaidade e, sem dúvida alguma, com meu corriqueiro apego à ociosidade. Tenho o costume fatal de perder tempo dedicando-me à poesia. Sou cego e quase surdo. Seu *Ensaio sobre a cegueira* foi o penúltimo livro que escutei da sua extensa obra. Sua prosa malabarista e egípcia sempre me seduziu. O senhor tem muita sorte. Os livros lidos e gravados [...] na maioria das vezes não apresentam o mínimo de profissionalismo leitor. Os três primeiros livros que escutei, *Memorial*, *Reis* e *Manual*, foram gravados excecionalmente pela voz de uma mulher assombrosa de bela. Sua *Jangada* e o *Evangelho* seguiram pelo mesmo caminho, mas agora com voz masculina, vigorosa, implacável. O *Ensaio* também. O último que o senhor

escreveu, sobre o escrivão da Conservatória Geral [...], decidimos, eu e outro companheiro cego, também apaixonado por literatura, gravá-lo no PC. Uma espécie de computador para cegos com o qual escutamos sua prosa de trapezista. Obviamente a voz robótica faz com que seu ritmo deliberado e sinuoso perca o charme. Mas a estética para cegos é apenas uma via de acesso, qualquer coisa é válida contanto que possamos mastigar a informação. Eu também daria qualquer coisa para conhecê-lo e conversar uma tarde inteira sobre literatura. Sua alegoria sobre os cegos é tremenda e abjeta. Como Kafka, mas sem metafísica. Nossa sórdida e inexorável dependência dos videntes e a escassa dignidade com que somos capazes de aceitar a existência longe da luz, mais que me entristecer, me causam uma indignação inútil. No entanto, amo muito seu *Manual*, livro de uma vivacidade e beleza insuperável, fascinante. Coincidimos em relação a Lorenzetti. Agora que já não vejo quase nada (escrevo-lhe de um computador que tem um programa especial de letras aumentadas com um nível máximo de nitidez, e passei uma manhã inteira a escrever essas inquietações), dificilmente posso desfrutar da pintura. Não desfrutar da imaginação da pintura é um dos preços que se tem de pagar por uma situação visual penosa. Sobre o *Evangelho*, depois de ler o *Ensaio* e *Nomes*, agora o valorizo ainda mais. O que observei é a inteligência dos seus leitores. Muitos são fascinados pelos seus livros, o que eu aprecio sobremaneira. Como não gosto muito de TV e os jornais me aborrecem por sua propensão à banalidade e ao horror, sempre perco suas entrevistas. Simplesmente me encantaria conversar com o senhor. Algum dia o senhor virá a Barcelona? Por favor, diga-me. Nunca tive oportunidade de ter contato com um escritor de prosa tão perversa e divertida. Mando também um par de poemas meus. Espero que meu catalão de araque não lhe pareça muito complicado. Em todo caso, não leve isso em conta. Há algo que nos une, e esse algo é o surdo fervor pela obra de Pessoa."

8 de junho

A mesa-redonda sobre a moratória em Lanzarote. Turismo de qualidade é um turismo respeitador que vai a um lugar que se respeita a si mesmo.

9 de junho

Samuel Ruiz demitiu-se da CONAI. A Comissão Nacional de Assuntos Indígenas dissolveu-se.

10 de junho

Descoberta na Amazónia uma tribo desconhecida.

12 de junho

Conferência de Sergio Ramírez na Sociedade Democrática. Jantar em casa.

13 de junho

Jantar com Joaquín García Carrasco.

14 de junho

"A soberania deles", para a revista *Visão*:
    "Imaginemos que um destes dias passados o primeiro-ministro português, depois de trocar umas quantas impressões com os seus adjuntos de confiança e de consultar secretamente o presidente da República, se sentou a escrever uma cartinha ao seu homólogo britânico, sr. Tony Blair, que, como é sabido, superintende o Conselho Europeu até ao fim deste mês. Imaginemos que, no tom firme de quem está consciente do peso de cada palavra, mormente quando se trate de questões que dizem respeito à sacrossanta soberania dos países, António Guterres dizia (recomendava, exigia, aconselhava, implorava, pedia por amor de Deus) que 'há que corrigir as supercentralizadoras aberrações de Bruxelas e respeitar as estruturas constitucionais e administrativas nacionais'. Se, havendo espremido adequadamente as

circunvoluções cerebrais, lográmos nós imaginar uma tal proeza, não nos será muito difícil adivinhar quais poderiam ter sido as reações do morador de Downing Street 10 à ousada missiva do premier lusitano. Contentemo-nos, porém, com uma: o sr. Blair acabou de ler a carta, deixou-a cair em cima da mesa e desabafou para o seu secretário: O nosso mais velho aliado não está bem da cabeça.

"Ora, convém esclarecer que se António Guterres tivesse realmente escrito a dita carta, ela teria sido a segunda sobre este tema a chegar a Londres, uma vez que sobre a mesa de trabalho do sr. Blair já uma outra se encontrava, redigida nos mesmos precisos termos pelo sr. Kohl e pelo sr. Chirac. É natural que nos perguntemos que comentário terá feito o primeiro-ministro britânico à insólita pretensão dos seus mais importantes parceiros europeus. Evidentemente, não disse, nem sequer à boca pequena, que o sr. Chirac e o sr. Kohl, pelo facto de virem reivindicar as respetivas soberanias nacionais frente ao centralismo europeu, estavam a precisar de assistência psiquiátrica urgente. Após o choque da primeira surpresa, o sr. Blair não tardou muitos minutos a chegar à conclusão de que o sr. Kohl havia tido em mente, sobretudo, as eleições legislativas do seu país, no próximo mês de setembro, que a ditosa carta fora escrita principalmente para que a lessem os eleitores alemães, e que, no fundo, se limitava a repetir o que o chanceler já tinha dito no Bundestag, em abril, quando o parlamento aprovou a incorporação da Alemanha no euro: que, a partir da cimeira de Cardiff, 'modificaria as prioridades da sua política europeia e faria finca-pé nos interesses nacionais e regionais do seu país'. Quanto ao sr. Chirac, como se vai tornando costume em França, não tendo grande coisa que dizer de sua própria iniciativa, aproveitou a mãozinha que o sr. Kohl lhe estendia da janela do comboio em andamento e lá se deixou ir dependurado, à boleia, pelo túnel do canal da Mancha fora…

"Quando há anos me apresentei voluntário para desempenhar, nas poucas tribunas públicas a que tinha acesso, o antipático papel de desmancha-prazeres de serviço (não encomendado, repito), opondo um teimoso *Sim, mas…* aos acríticos entusiasmos europeístas da nossa classe política, escrevi palavras como estas: 'Objeta-se-me que todos os países que integram a Comunidade Europeia estão sujeitos às mesmas alterações internas e a idênticos mecanismos unificadores, e que, portanto, os riscos, quando os houver, serão, como manda a justiça mais elementar, partilhados pelo conjunto. A objeção, em princípio, é pertinente, mas, confrontada com a realidade, isto é, com a relação efetiva de poder entre os Estados-membros, acaba por ver-se reduzida a uma expressão pouco mais que formal. Um país inferior economicamente e politicamente subalterno, como é o caso de Portugal, sempre haverá de correr maiores e mais graves riscos que outros seus 'parceiros' bafejados pela história, pela geografia e pela fortuna, pois, no que toca a soberanias e identidades, será forçado a renunciar, substancialmente, a muito mais que aqueles outros que, por terem influência económica e política de peso, estão em condições de escolher e impor o jogo, de decidir as regras e baralhar as cartas'.

"Dá que pensar que precisamente quando a Europa já se encontra atada pelo euro apareça o sr. Kohl a dizer-nos que, afinal, *Deutschland über alles*. Não quero eu que António Guterres proclame o mesmo para Portugal (seriam penas perdidas), mas talvez não fosse má ideia pôr-se a escrever a tal cartinha, mesma que ela fosse a última a chegar. E antes que seja tarde de mais..."

15 de junho

Comunicação oficial do prémio Scanno, de Chieti, a *Objeto quase*.

16 de junho

Para José Cândido de Azevedo, que está a escrever um livro sobre a censura:
"O que a censura tem de pior não é o facto de agredir diretamente a criação e o pensamento de um determinado escritor ou jornalista, o pior dela é que, indiretamente, atinge a sociedade inteira. A escassa atividade literária que como autor de livros desenvolvi até ao 25 de abril, nunca atraiu sobre a minha cabeça as iras censórias. Como jornalista, ou simples colaborador, primeiro em *A Capital* e no *Jornal do Fundão*, e depois no *Diário de Lisboa*, onde em parte dos anos de 1972 e 1973 tive a responsabilidade da coluna 'Opinião' (salvo algum artigo escrito na minha ausência e cujo conteúdo não perfilhei

nem perfilho), isso, sim, soube o que era a indignação de ver esfaqueadas palavras que escrevi e ideias que expressei. Recordo as muitas vezes que tive de ir à Comissão do Exame Prévio, na rua da Misericórdia, reclamar contra cortes absurdos (como se pudesse haver outros...), a humilhação de esperar que se dignassem receber-me, a inutilidade da argumentação com que tentava defender o meu trabalho, o olhar inimigo e a expressão espessa do 'coronel' de serviço... Também recordo o tempo em que trabalhei na Editorial Estúdios Cor, quando uma vez ou outra recebemos a visita de agentes da PIDE que iam apreender livros. Era uma espécie de jogo do gato e do rato: levava-os ao armazém, apontava-lhes a obra que procuravam, mas a obra não estava toda ali, a maior parte dela encontrava-se dissimulada entre outros livros. Nunca levaram mais do que duas ou três centenas de exemplares. A estupidez do regime atingia as raias do sublime: uma vez apareceram-me lá para apreender um romance de Colette, *Chéri*, que estava na lista dos livros proibidos..."

20 de junho

Chieti. Prémio Scanno-Università Gabriele d'Annunzio. Entrevistas. Conferência de imprensa. Entrega do prémio na aula magna da universidade. Ver "dossier". A visita ao museu. A paisagem dos Abruzzo. O Gran Sasso...

21 de junho

Visita ao atelier de Susana Solano, com Teresa Blanch e Fernando Gómez Aguilera...

23 de junho

De uma carta de Zeferino Coelho, comentando as preocupações a que dei voz no último artigo para a revista *Visão*:
    "Apesar de o eixo Paris-Bona (em breve Berlim) te vir dar razão, suponho que vais continuar a pregar no deserto. O Jorge Sampaio fez ontem em Berlim declarações que, em resumo, estipularam que a questão europeia consiste em 'compatibilizar' os pontos de vista dos diferentes países. Acrescentou que o presidente Herzog ficou muito sensibilizado para as necessidades portuguesas no que se refere a fundos. Ou seja, eles asseguram que os fundos vêm, e nós afirmamo-nos dispostos a aceitar os fundos que nos quiserem dar. Tudo o resto é mera especulação. O sentimento geral é este: é melhor ser o mais pobre da Europa que o mais rico de África."

25 de junho

Yuste. Academia Europeia de Yuste. José Antonio Jáuregui. O discurso de Umberto Eco.

26 de junho

Cáceres. Academia Europeia de Yuste. Umberto Eco.

28 de junho

Humberto Werneck, da *Playboy*. Entrevista.
    "O cidadão português José de Sousa Saramago é um daqueles casos nada comuns de alguém que, já na idade madura, deu uma guinada radical na vida. Vinte anos atrás, estava ele, cinquentão, solidamente estabelecido em Lisboa e num segundo casamento; vivia de traduções e tinha atrás de si uma breve experiência como jornalista. Nas horas vagas, administrava uma discreta carreira literária, iniciada na juventude com o romance *Terra do pecado*, interrompida em seguida por quase duas décadas e desdobrada, a partir de 1966, numa dezena de livros que não chegaram a fazer barulho, a maioria deles coletâneas de poemas e de escritos jornalísticos. Nada permitia supor que José Saramago viria a se tornar quem hoje é: às vésperas de completar (no mês que vem) 76 anos de idade, um romancista lido e admirado em todo o mundo, traduzido para 21 idiomas e insistentemente apontado, desde 1994, como um dos favoritos para ganhar o prêmio Nobel de literatura, tradicionalmente anunciado no mês de outubro e que seria o primeiro concedido a um autor de língua portuguesa.
    "Pois foi aí, já quase sexagenário, que a vida de José Saramago — menino pobre que não teve um livro antes dos

dezenove anos e que na juventude trabalhou como mecânico de automóveis (embora não saiba dirigir) — se pôs a trepidar, num benfazejo terremoto que em pouco mais de uma década haveria de redesenhar a sua paisagem existencial. Aos 57 anos, para começar, ele finalmente decolou como escritor ao publicar o romance *Levantado do chão*. Aos 64, encontrou o que acredita ser o seu definitivo amor em alguém 28 anos mais jovem, a jornalista sevilhana María del Pilar del Río Sánchez. Aos setenta, transplantou-se das margens do Tejo para uma ressequida ilha vulcânica espanhola onde não corre um ribeirão sequer e toda a água tem que ser tirada do mar, Lanzarote, a mais oriental das sete Canárias, com 50 mil habitantes e 805 quilômetros quadrados.

"Ali, numa casa que vem a ser a primeira e até agora única propriedade desse persistente militante comunista, foram escritos seus livros mais recentes, *Ensaio sobre a cegueira* e *Todos os nomes*, além dos diários intitulados *Cadernos de Lanzarote*, encorpando uma obra na qual já se destacavam os romances *Memorial do convento*, *O ano da morte de Ricardo Reis*, *A jangada de pedra* e *O Evangelho segundo Jesus Cristo*. No Brasil, onde o melhor de Saramago já foi publicado, apenas este último título vendeu 85 mil exemplares.

"A virada na vida do escritor foi engatilhada de maneira acidental, em 1975, quando, demitido do cargo de diretor-adjunto do *Diário de Notícias*, ele decidiu não procurar emprego, abrindo assim espaço para que a sua criação literária deslanchasse em regime de dedicação exclusiva.

"José Saramago, que tem uma filha, Violante, bióloga, de

seu primeiro casamento, e dois netos, Ana e Tiago, já era autor consagrado em 1992, quando o ateísmo contundente de *O Evangelho segundo Jesus Cristo* desaguou num episódio de censura que acabou determinando a sua mudança para Lanzarote, onde se instalou em fevereiro de 1993. O editor sênior Humberto Werneck, da *Playboy*, lá esteve para entrevistar o escritor e conta:

"Branca, com dois pavimentos, a casa de José Saramago se chama exatamente isso, 'A Casa', conforme se lê junto ao portão de entrada. Fica no número 3 da rua Los Topes, numa esquina da minúscula cidade de Tías, mas pode ser que o visitante tenha dificuldade em encontrá-la, pois o dono de A Casa, tendo lido sobre a história do lugar, decidiu restabelecer a sua antiga denominação, hoje inteiramente esquecida, Las Tías de Fajardo.

"Os carteiros de Lanzarote já se conformaram com a esquisitice, e não é impossível que o mesmo acabe acontecendo com os demais lanzarotenhos, sobretudo se o ilustre forasteiro vier a ganhar o prêmio Nobel. Já são provavelmente maioria os nativos capazes de reconhecer aquele senhor alto, desempenado e sobrancelhudo, com óculos grandes demais para o seu rosto e cabelos grisalhos que escasseiam no alto e abundam, um tanto alvoroçados, na parte de trás da cabeça. Saramago ganhou faz um ano o título de 'filho adotivo' da ilha e só não é 'o' escritor de Lanzarote porque lá vive o romancista espanhol Alberto Vázquez-Figueroa, com quem fez camaradagem.

"Reservado, porém afável, de pouco riso mas longe de merecer a fama de mal-humorado que o persegue, José

Saramago acumula as características a princípio excludentes de homem a um tempo caseiro e viajador: duas vezes por mês, em média, ele abandona a paisagem lunar de Lanzarote para atender a compromissos profissionais, sempre em companhia de Pilar del Río, hoje a sua tradutora para o espanhol e revisora das antigas traduções.

"Quando está na ilha, o escritor pouco sai de sua casa, plantada num jardim atapetado de *picón*, cascalho fino de origem vulcânica de cor preta ou tijolo escuro. A vegetação esparsa inclui duas oliveiras que o escritor quis ter ali por serem as árvores de sua infância na Azinhaga, povoado da região portuguesa de Ribatejo onde nasceu, filho de pais camponeses muito pobres, e onde viveu até mudar-se para Lisboa, aos dois anos de idade.

"Num dos cantos do jardim há uma piscina (coberta, por causa do vento forte) com 7,5 metros de comprimento, que o escritor atravessa pelo menos trinta vezes todos os dias — uma das explicações para a excelente forma física em que se encontra a apenas quatro anos de tornar-se octogenário. O mesmo se diga, aliás, da bela e simpática Pilar del Río, que aos 47 anos, mãe de um rapaz de 21, Juan José, que mora com o pai em Sevilha, não aparenta mais que 35.

"Marido e mulher têm, cada qual, seu escritório, e o de Saramago, no segundo piso, deixa ver o mar. As edições portuguesas e estrangeiras de seus livros espremem-se numa estante com quatro prateleiras e bom metro e meio de comprimento. Numa fotografia, uma tabuleta em francês provoca o ateu empedernido: '*Dieu te cherche*' — Deus te procura. Nesse escritório (onde foram gravadas, em três rodadas, as sete horas desta entrevista), usando um laptop Canon acoplado a um monitor Samsung, Saramago escreve pela manhã e no final da tarde a sua quota diária de literatura, nunca mais de duas páginas, ao som de Mozart, Bach ou Beethoven, e responde a algumas das cartas, cerca de cem, em média, que lhe chegam todos os meses de vários cantos do mundo.

"Depois do almoço, já embarcado no hábito espanhol da *siesta*, ele cochila ou apenas relaxa na sala, no andar térreo. Nesses momentos nunca lhe falta a companhia da fauna canina doméstica: o cão-d'água português (espécie de poodle) Camões, a yorkshire Greta e o poodle Pepe. À noite, na cozinha, vai repetir-se um ritual: sentam-se os três diante de seu dono, que, faca na mão, distribui rodelas de banana. Pepe foi batizado pelo escritor na esperança de que não sobrasse para ele próprio esse apelido a que, na Espanha, praticamente todos os Josés se acham condenados. Camões assim se chama porque apareceu na casa no dia de 1995 em que Saramago ganhou o prêmio Camões, concedido anualmente pelos governos de Lisboa e Brasília a um escritor de língua portuguesa e que já distinguiu os brasileiros Jorge Amado, João Cabral de Melo Neto, Rachel de Queiroz e Antonio Candido. Camões adora livros: comeu duas biografias do presidente sul-africano Nelson Mandela, em diferentes línguas, e ultimamente se dedicava a roer as bordas de um grosso álbum de pinturas de Goya.

"Ao contrário de outros autores lusitanos, Saramago exige que seus livros sejam publicados no Brasil exatamente como saíram em Portugal, sem concessões destinadas a facilitar o entendimento do leitor brasileiro. Na transcrição desta entrevista, a *Playboy* não chega a adotar a ortografia vigente em Lisboa, mas busca não abrasileirar a fala do escritor. Como, ó pá, ninguém é de ferro, algumas palavras ganharam 'tradução' entre colchetes.

Aos setenta anos, o senhor veio parar nesta ilha, com outra língua, outra cultura. É um exílio?
A palavra é demasiado dramática. Se estou aqui, isso se deve a uma decisão absurda, estúpida, do governo [português] de então [chefiado pelo ex-primeiro ministro Aníbal Cavaco Silva], em 1992, quando um subsecretário de Estado da Cultura [António Sousa Lara] — imagine, da cultura... — decidiu que um livro meu, *O Evangelho segundo Jesus Cristo*, não podia ser apresentado como candidato ao Prêmio Literário Europeu, porque, segundo ele, ofendia as crenças religiosas do povo português. Fiquei bastante desgostoso, indignado — e foi nessa altura que a minha mulher me disse: 'Por que nós não fazemos uma casa em Lanzarote?'.

Por que Lanzarote?
Nós tínhamos estado aqui no ano anterior e gostamos muito. Mas quando minha mulher sugeriu fazermos a casa, reagi como seria natural: 'Pilar, por favor...'. Mas ao cabo de dois dias eu estava a dizer: 'Essa ideia afinal de contas não é má...'. São duas reações masculinas típicas. Quando a mulher diz ao marido: 'E se nós fizéssemos isto assim, assim?', em geral ele responde: 'Não, que ideia!'. A segunda reação é dizer,

24 ou 48 horas depois, como quem condescende: 'Olha que essa tua ideia afinal de contas não é tão má...'.

Uma mudança como essa traz problemas de adaptação...
Sim, mas adapto-me muito facilmente a situações novas.

E é chegado a experiências tardias na vida, não?
Tenho que reconhecer que as coisas boas da minha vida aconteceram um pouco tarde. Quando publico o *Memorial do convento*, em 1982, estou com sessenta anos, e com sessenta anos o escritor normalmente tem sua obra feita. Não é que não continue, mas a parte central da sua obra já está feita. Eu tinha alguns livros, mas é com o *Memorial do convento* que tudo ganha outra força.

A sua estreia foi lá atrás, aos 25 anos.
Tenho um livro que foi reeditado agora — o meu editor teimou e a minha mulher ajudou nisso —, um romance que publiquei em 1947. Chama-se *Terra do pecado*. Não está mal escrito, mas tem pouco a ver comigo hoje. Ainda escrevi um outro livrinho [o romance *Claraboia*], que está por aí, mas, enfim...

Não será publicado?
Em vida minha, não. Depois, se quiserem...

Do que se trata?
É a história de um prédio onde há seis inquilinos, e é como se por cima da escada houvesse uma claraboia por onde o

narrador vê o que se passa embaixo. Não está mal, mas não quero que publiquem.

Depois de Terra do pecado *o senhor ficou quase vinte anos sem escrever. O que houve?*
Se eu tivesse tido êxito com aquele primeiro livro... Mas também seria difícil esperar que tivesse. Vivi sempre muito isolado, nunca pertenci a grupos literários, pelas próprias condições sociais em que vivia, sem grandes meios. Sou uma pessoa que não passou pela universidade, portanto não criou amigos nessa roda que se supõe ser de intelectuais. Vivi sempre assim, à margem.

A sua formação literária foi um pouco errática, não é?
Nem sequer errática [ri]... Eu diria condicionada pela minha situação material. Depois da instituição primária, entrei no liceu [ginásio], onde estive só dois anos. A família não podia levar-me até o fim do curso. A partir daí estive numa escola industrial e tirei o curso de serralharia e mecânica. E aos dezessete, dezoito anos fui trabalhar numa oficina de automóveis, onde estive por dois anos.

O que fazia lá?
Desmontava e consertava motores, regulava válvulas, condicionava, mudava juntas de motores. Agora, o que há talvez de importante aí é que nesse curso industrial havia uma disciplina de literatura, coisa um pouco estranha, e que me abriu o mundo da literatura.

O seu primeiro livro foi mal recebido?
Não. Mas é um livro entre muitos, não tem muita importância. Naquele impulso ainda escrevi *Claraboia*. Não sei se naquela altura tive consciência de que não tinha grandes coisas para dizer e que, portanto, não valia a pena. O melhor que me aconteceu foi ter uma vida suficientemente larga para que aquilo que tinha que chegar chegasse.

Dá a impressão de que o escritor tem um manancial que pode ser explorado seja na juventude, seja na idade madura. Pode-se dizer que está jorrando agora uma coisa que ficou represada?
Se esse manancial existia, pelo menos eu não tinha consciência dele. Nunca fiz uma lista de assuntos e disse: 'Vou fazer tudo isso'. Cada vez que acabo um livro, fico sem saber o que vai acontecer depois. Cheguei ao ponto a que cheguei dando um passo de cada vez, e esses passos não estavam planeados. Agora, isso tem outra vantagem: me dá uma sensação de... não quero dizer de juventude, mas de...

... vitalidade.
Talvez de uma capacidade imaginativa que pode não ser muito comum quando se chega à idade que tenho. Provavelmente é isso que me leva a dizer: 'Que sorte eu tive, de tudo o que tinha a fazer de mais importante estar a fazê-lo nesta fase da minha vida'. Porque se tivesse feito aos cinquenta anos, provavelmente agora não tinha mais nada para dizer. Se nós tivéssemos a certeza de ter uma vida longa, talvez valesse a pena guardar para a parte final dela aquilo que

temos realmente para fazer. É a circunstância em que nós nos achamos que nos obriga a decidir, e há dois momentos importantíssimos na minha vida. Um é o aparecimento da Pilar. Foi um mundo novo que se abriu. O outro foi em 1975, quando era diretor-adjunto do *Diário de Notícias* e, por causa de um movimento que se pode chamar de contragolpe [político], fui posto na rua.

O que foi que houve?
No dia 25 de novembro de 1975 há, de uma parte dos militares, uma intervenção que suspende o curso da revolução [a chamada 'Revolução dos Cravos', que a 25 de abril de 1974 pôs fim a 48 anos de ditadura salazarista] tal como ela se vinha desenvolvendo e que põe um travão àquilo que estava a ser o movimento popular. Foi o primeiro sinal de que Portugal iria entrar na 'normalidade'. O jornal pertencia ao Estado e os responsáveis, então, demitem a redação e a administração. E aí é que tomo a decisão de não procurar trabalho. Tinha muitos inimigos e não era fácil que fosse encontrar trabalho. Mas nem sequer tentei.

Inimigos no mundo jornalístico ou no mundo das letras?
Inimigos nas letras eu tenho é agora. Naquela altura eu não era ninguém.

O senhor se considerava um jornalista ou um escritor?
Nunca me considerei um jornalista. Porque entrei nos jornais sempre pela porta da administração, nunca pela porta

da redação. Nunca fiz uma entrevista, uma reportagem, nunca escrevi uma notícia. Também é certo que não me considerava tão escritor assim, porque aquilo que tinha feito não me dava um estatuto de escritor. No fundo, era apenas alguém que estava à espera de que as pedras do puzzle do destino — supondo-se que haja destino, não creio que haja — se organizassem. É preciso que cada um de nós ponha a sua própria pedra, e a que eu pus foi esta: 'Não vou procurar trabalho'. Tinha uma ideia vaga, queria escrever um livro sobre a vida dos camponeses. Comecei a pensar o que faria sobre o lugar onde nasci, mas as circunstâncias me levaram para o Alentejo [região a leste de Lisboa]. Fui para lá em 1976, fiquei semanas ouvindo pessoas, tomando notas, e isso veio a dar no livro *Levantado do chão*, que se publicou em 1980.

O que pretendia quando começou a escrever? Fama? Dinheiro?
Eu não queria nada. Queria apenas escrever. E quanto a isso de querer ser rico, eu nem agora penso em ser rico.

O senhor não está rico?
Não. Ao olhar para estas paredes, digo: 'Estão feitas com livros'. Não tenho bens de outra natureza. Se quisesse ser rico, tinha permitido que se adaptasse o *Memorial do convento* a uma novela brasileira.

Houve uma proposta?
A [falecida atriz] Dina Sfat, em Lisboa, disse-me: 'Queremos fazer o *Memorial do convento*'. Eu disse nessa altura:

'Não tenho qualquer razão para querer ser rico'.
Evidentemente que se dirá hoje: 'Ah, mas você vive bem'.
Vivo relativamente bem. Mas isso não é como resultado de um projeto para enriquecer.

O senhor recusou a proposta de Dina Sfat mas aceitou outra, para adaptação cinematográfica de A jangada de pedra.
Esse foi um caso em que eu cedi. Mas não cedi a nada senão à simpatia da própria pessoa [a professora húngara Yvette Biro, da Universidade de Nova York]. Ela mostrou um interesse tão grande, de uma forma tão inteligente... O guião [roteiro] está feito, ela está à procura de um produtor, parece que está bastante adiantado — mas a verdade é que não dou seguimento a nada, como se no fundo quisesse que tudo isso abortasse. Há outras situações, como, por exemplo, a que se refere ao *Ensaio sobre a cegueira*. Oito produtoras norte-americanas e uma inglesa estão a ler o livro. Já disse ao meu agente: 'Deixa-os lá fazer propostas, mas não será adaptado o livro'.

Nem se for uma proposta extremamente tentadora?
É preciso pensar sobre o que produtores norte-americanos fariam de um livro como esse.

O que eles fariam?
Aproveitariam o que no livro há de mais exterior, que é a violência e o sexo. E aquilo que é importante, a interrogação sobre como é que nós nos comportamos, que uso fazemos da nossa razão, que cegueira nossa é essa que não é dos olhos mas

do espírito, que relações humanas são essas a que chamamos humanas e que de humanas têm tão pouco. A lição que o livro pretende dar desapareceria completamente.

Mesmo nas mãos de um cineasta sensível, um Antonioni?
Bom, há dois ou três nomes que provavelmente me fariam pensar duas vezes. A verdade é que os grandes realizadores [diretores] desapareceram. Os realizadores, hoje, são meros funcionários que fazem aquilo que os produtores mandam. Costumo resolver isso dizendo que não quero ver a cara das minhas personagens. Pois se nem eu as descrevo…

Mas o senhor deve ter imagens na cabeça quando escreve.
Não tenho ninguém na cabeça. Sento-me diante do computador com a ideia de uma história que quero contar, mas não necessito inspirar-me em figuras reais.

É verdade que todos os seus livros partiram de um título?
Foi assim praticamente com todos. Foram títulos dados, não sei por quem, não sei por quê. *O ano da morte de Ricardo Reis* nasceu em Berlim. Eu tinha ido aí com uns quantos escritores e num fim de tarde, cansado, deixo-me cair na cama — e nesse momento caem-me do teto, quase, estas palavras: 'O ano da morte de Ricardo Reis'.

E O Evangelho segundo Jesus Cristo?
Esse nasceu de uma ilusão de ótica, em Sevilha. Atravessando uma rua na direção de um quiosque [banca] de

jornais e revistas, naquele conjunto de títulos e manchetes pareceu-me ler 'O Evangelho segundo Jesus Cristo'. Continuei a andar, depois parei e disse: 'Isso não pode ser' — e voltei atrás. De fato, não havia nem evangelho, nem Jesus nem Cristo. Se eu tivesse uma boa visão, se não fosse míope, provavelmente esse livro não existiria. O *Ensaio sobre a cegueira* nasce num restaurante. Estou sentado, à espera de que me sirvam, e nesse momento, a propósito de nada, penso: 'E se fôssemos todos cegos?'.

É verdade que Todos os nomes *nasceu no Brasil?*
Nasceu quando fui receber o prêmio Camões [em janeiro de 1996]. O avião já estava descendo em direção ao aeroporto de Brasília — e de repente passa-me pela cabeça isto: 'Todos os nomes'. Nada disso é definido, aparece como ideias vagas que passam, e algumas delas foram para mim tão claras, ou pelo menos tão insinuantes, que me permitiram dizer: 'Isto significa qualquer coisa'. Custa trabalho encontrar, depois, um caminho para chegar aonde eu quero. *Todos os nomes*, por exemplo, foi bastante complicado e provavelmente não existiria se não tivesse coincidido com a procura dos dados da vida e da morte do meu irmão [Francisco de Sousa]. Eu queria saber as circunstâncias da breve vida desse meu irmão, tem que ver com um livro para o qual tenho já muito material recolhido, que é uma autobiografia...

O Livro das tentações?
Sim. Uma autobiografia que vai só até os catorze anos.

Não é curioso o senhor ter começado pelo pecado — Terra do pecado *— para cinquenta anos depois chegar à tentação?*
    Não, mas são outras tentações. Se é uma autobiografia que vai até os meus catorze anos, que tentações podem ser essas? Não as tentações da carne, nem as do poder, da glória, não. Nasce uma criança, e o mundo todo, que está aí para ser conhecido, é como uma tentação. Ora bem, esse irmão mais velho morreu com quatro anos quando eu tinha dois. Se vou escrever um livro sobre a minha vida, tenho que falar nele. Não sabia praticamente nada dele, então pedi um certificado de nascimento — e aí é que começam as surpresas: a data da morte não está lá. Do ponto de vista burocrático, meu irmão está vivo...

Para quem não acredita na vida eterna, hein?
    Realmente, não acredito na vida eterna, embora vá inventando formas de dar-lhe alguma eternidade à vida. Quando invento [em *Todos os nomes*] uma conservatória [arquivo do Registro Civil] onde estão todos os nomes e um cemitério onde estarão todos os mortos, no fundo é uma forma de dar eternidade àquilo que não é eterno, ou pelo menos dar-lhe permanência. Se não fosse essa história do meu irmão, talvez escrevesse um livro chamado *Todos os nomes*, mas seria outro totalmente, porque a minha busca dos dados referentes a ele é que me leva, no romance, a dar numa conservatória. Parece haver uma espécie de predestinação em tudo aquilo que faço. Há coisas que acontecem e que suscitam outras ideias, portanto é tudo uma questão de estar com atenção ao modo como essas ideias se desenvolvem. Algumas delas não têm saída, mas há outras que encontram seu

próprio caminho. Não escrevo livros para contar histórias, só. No fundo, provavelmente eu não seja um romancista. Sou um ensaísta, sou alguém que escreve ensaios com personagens. Creio que é assim: cada romance meu é o lugar de uma reflexão sobre determinado aspecto da vida que me preocupa. Invento histórias para exprimir preocupações, interrogações..."

3 de julho

Os animais virtuais. *Expresso* de 13 de junho. Chegará o tempo em que só a morte será real...

4 de julho

Resposta ao leitor Antonio Bechara, de Buenos Aires:
"A sua carta surpreendeu-me, não tanto por causa da questão principal de que trata, a homossexualidade, mas pela estranheza que mostra por, segundo as suas próprias palavras, ter eu evitado ou omitido o tema *sistematicamente*, dos meus livros. Em primeiro lugar, tenho sempre, no meu trabalho, o cuidado elementar de só escrever sobre o que sei ou está ao meu alcance saber. Por exemplo, nunca um *rico* foi personagem meu pela razão simples de que *não sei* o que é um rico. Compreende o que quero dizer? Poderá argumentar que, não sendo mulher, também não deveria poder falar de mulheres. A diferença está em que, pelo menos, creio conhecer *algo* delas.

Embora tenha amigos homossexuais, a quem respeito e considero como amigos, não sei deles o suficiente para presumir de conhecê-los como homossexuais. São amigos, e isso me basta. E até hoje nenhum deles me perguntou por que não há homossexuais entre os meus personagens…

"Não entendo o que quer dizer quando se refere ao 'papel do homossexual'. Em minha opinião, o (ou a) homossexual não tem qualquer 'papel' específico: como ser humano, o seu 'papel' é ser o mais 'humano' possível, independentemente de qualquer opção sexual. Que os homossexuais são discriminados, é uma triste verdade, mas também o são, de distintos modos, todos os *diferentes*, começando pelos máximos discriminados, que são os pobres. E os pobres são os únicos que nunca se comportaram como uma seita de qualquer tipo: são demasiado numerosos para isso…"

5 de julho

Mundial de futebol. O caso do inglês que matou um francês por julgar que ele era argentino. André Breton: "O ato surrealista mais simples consiste em descer à rua de pistola na mão e disparar ao acaso, enquanto se puder, contra a multidão".

6 de julho

As considerações de Eça de Queiroz.

7 de julho

O ministro da Educação inglês decidiu proibir as calculadoras para menores de oito anos. Não sabem multiplicar nem subtrair... Comparar isto com o tempo em que se pedia: "Por palavras suas, repita o que leu...".

9 de julho

Sória. Conferência: "Confissões de autor". O passeio: Calatañazor, El Burgo de Osma. Aqui o homem que foi a casa buscar três livros para que eu os assinasse. Ao jantar: a rapariga que se aproximou: "Venho dos sanfermines. Quero agradecer-lhe tudo o que tem escrito e a maneira como está na vida. Precisamos de si, precisamos muito de si. Por favor, continue. E quero ainda dizer-lhe outra coisa: o senhor é o meu avô preferido". Foi-se embora a chorar.

10 de julho

Assombro. O *ayuntamiento* de Madrid propõe-me para o Nobel. Em Lanzarote, o taxista que me trouxe do aeroporto conta-me que o terreno onde agora se levanta a minha casa pertencera à sua família e recordou que quando tinha dez anos lavrou esta terra pobre com um camelo...

11 de julho

Carta para Cleonice Berardinelli com desculpas e algo mais:
"Eu podia dizer que as viagens, que o trabalho, que isto e aquilo, mas torno a ler a sua carta (porquê chamar-lhe fax, se é carta?) e calo-me: se alguém aqui viajou, se alguém aqui trabalhou foi a professora Cleonice Berardinelli... Teria então de buscar outra justificação para a falta de resposta, e realmente não a encontro. Ou talvez sim, se têm razão aqueles que acham (acho eu, os outros não sei...) que os motivos dos nossos atos, para evitar perdas de tempo, deveriam sempre ser procurados *mais longe*. Mais longe, aonde? Mais longe, simplesmente, logo se veria onde quando os tivéssemos encontrado... Pareço que estou a dar voltas *autour du pot*, mas não é certo. É possível, afinal, que haja um motivo para o silêncio com que Lanzarote recebeu a tal carta. Diz-me que na opinião do Eduardo Lourenço estes *Todos os nomes* são o meu melhor livro. Achando também eu que assim é, parece que deveria alegrar-me um juízo de que, aliás, a minha querida amiga não está muito longe, apesar da sua confessada e irremediável paixão pelo *Memorial*. Uma opinião inteira de um, outra quase de outro, que mais quero? Nada, não quero nada. Só me inquieta que possa *ser verdade*. E inquieta-me assim, porquê? É difícil explicar. Há alguns meses, o Manuel Alegre escreveu-me, a propósito de *Todos os nomes*, certas palavras que me perturbaram e me têm perturbado até hoje. Disse ele: 'Aonde irá você parar? Tenho medo por si...'. Realmente, a partir do *Ensaio* a minha relação com o ato de escrever mudou,

o que só pode significar que algo terá mudado em mim. Tenho tentado explicar isto pela metáfora da estátua e da pedra, digo que até ao *Evangelho* andei a descrever uma estátua, a superfície da pedra (a estátua é apenas a superfície da pedra...), e que com o *Ensaio* passei para o lado de dentro, para a pedra só pedra e nada mais que pedra. Ficou mais claro assim? Provavelmente não, mas é o que ando a sentir. Se a tudo isto se junta que cada vez menos me interessa falar de literatura, que duvido até que se possa *falar* de literatura, talvez se compreenda que a sua carta me tenha posto em silêncio. Por não saber o que dizer. Está a dizê-lo agora, objetará. Sim, é verdade, mas sem a certeza de que as explicações expliquem... E se não explicarem, para que serviram? É o que lhe pergunto a si. No fundo, quem sabe se não haverá uma explicação muito mais simples: a de que não estava preparado para ser aquilo em que pareço ter-me tornado, uma espécie de aprendiz de feiticeiro que pôs em ação forças que estão a levá-lo não sabe aonde. Como o Manuel Alegre perguntava..."

12 *de julho*

Para a revista *Visão*, com o título "Os referendos":
"Talvez seja por morar longe. Apesar dos atrasos do correio, que às vezes chega a dar-me a impressão de vir pachorrentamente de caravela, a gozar as brisas marítimas e o balanço da vaga, quando não a imobilidade da calmaria, as notícias (estou a referir-me às do meu torrão natal) sempre

acabam por alcançar estas paragens. Recebo eu dois ou três semanários de informação geral, e se são poucas as vezes que recorro aos préstimos do satélite, é só por não poder suportar os tratos que, sem pejo nem remorso, os locutores infligem à pobre língua portuguesa. Em todo o caso, não obstante estas desvantagens, supunha dispor, até agora, sobre a vida política nacional, de dados bastantes para que a cabeça me fosse gerando umas quantas ideias razoavelmente próximas da realidade. Será porque moro longe, será porque a caravela se atrasou mais do que o costume, será porque os jornais pátrios gostam demasiado da coscuvilhice a que chamam política e apreciam pouco o exame dos factos, será porque deixei de entender o idioma em que me falam — não tenho dúvidas de que cada um destes fatores contribuiu com a sua parte, mas o golpe final, dúvidas também não tenho, foi-me desferido pelos referendos.

"A iniciativa de um referendo (dá o mesmo quer se trate de um plebiscito ou de uma eleição, ou de uma escolha entre isto e aquilo, como compra de qualquer produto de consumo) deverá pressupor a difusão prévia de uma informação que, no geral, possamos considerar, ao menos, apropriada e suficiente, se, por falta de um certo querer (a 'vontade política' ou de um certo saber (a 'competência técnica'), não a deram, como cabia, de uma maneira ampla, completa, a toda a gente. Do que se passou com o referendo sobre a interrupção voluntária da gravidez já nem vale a pena falar, tão extremo foi o ridículo em que, estupefactos, vimos cair instituições (governo, partidos) que todos os dias deveriam dar-nos exemplos de responsabilidade e de seriedade, sem demagogias pacóvias nem jesuíticas reservas mentais, respeitando a inteligência e o senso comum. Mas agora, ai de nós, dois referendos mais nos ameaçam: um sobre a nossa adesão à Europa, outro sobre as regiões. Deles direi algumas palavras, porém, apenas por um dever de cargo, uma vez que são cada vez mais fortes as minhas dúvidas sobre a eficácia de um artigo de jornal, pelo menos, devo ser franco, daqueles que escrevo.

"Tendo-se sumido de Portugal a monarquia, acabaram-se também, por via de consequência, os reais cognomes (com uma falta de respeito absolutamente censurável os dicionários teimam em dizer que cognome é a mesma coisa que alcunha...), mas, se a mim me pedissem que cognominasse os referendos que aí vêm, nesse caso não teria dúvidas: batizaria o nome das regiões com o nome de *Absurdo* e o da Europa com o nome de *Escárnio*. Digo que é absurdo o referendo sobre as regiões porque um país como Portugal, não nos aparecendo, obviamente, como uma região única, poderá em compensação ser visto como um conjunto de complementaridades que precisamente os egoísmos locais não terão deixado explorar. E digo que é absurdo porque os seus defensores parecem não reparar na situação dos países (façam uma excursão a Espanha, que está perto) em que a febre regionalista, sob a utilização quase sempre perversa de alegados direitos históricos, rapidamente se converteu num fermento de desagregação dos Estados. Creio que não sou suspeito de defender o Estado pelo Estado, mas ainda menos defenderia um processo de fragmentações nacionais que (dividir para reinar) só poderá convir aos inventores desse nosso autoritarismo a que chamam globalização...

"Quanto ao referendo sobre a adesão de Portugal à Europa, que lhe haveremos de chamar? Meteram-nos lá sem o respeito de uma explicação, aplaudiram o Tratado de Maastricht e não nos disseram em que consistia, e agora, assinado o de Amesterdão, é que se lembram de perguntar se estamos de acordo. Se a resposta for 'sim' é porque ficou patente a vocação europeia dos portugueses, se for 'não' arguir-se-á com o que toda a gente sabe, que é impossível sair da Europa. Brincam connosco? Conheço o valor das palavras: escárnio é realmente o nome disto..."

16 de julho

Trinta feridos no desalojamento de um acampamento beduíno em Belém pelo Exército israelita.

20 de julho

Abertura dos encontros de poesia na Fundação Rafael Alberti. A exposição. A visita a Alberti...

21 de julho

O artigo de James Petras no *El Mundo*. "Bajo el imperio de Estados Unidos."

25 de julho

Da *Autobiografia* de Bobbio (página 200).

28 de julho

Para o *Aretino* de Pablo e Giancarlo:
 "O retrato está em Florença, na Galleria Palatina. Representa um homem corpulento, de cabeça maciça, testa ampla e despejada, nariz potente, com uma barba longa onde já as cãs assomam, lábios que se adivinham espessos, olhos rasgados e profundos. Nenhum monarca terá mostrado mais imperiosa presença, nenhum profeta pareceu tanto que o era. Despido das vestes luxuosas e coloridas que escondem o corpo e coberto com um manto de pedra branca, poderia ser colocado no lugar do Moisés de Miguel Ângelo, o que está em San Pietro in Vincoli, e talvez que a mudança não se deixasse notar, tão habitual é deixar-se enganar o nosso olhar pelo que parece. Quando Miguel Ângelo bateu com a sua maceta de escultor no joelho da estátua e lhe ordenou que falasse, cremos, talvez, adivinhar o que o profeta teria dito. Ele é Moisés, aquele que sustenta as tábuas da lei, da sua poderosa cabeça rompem os cornos que são o sinal com que o marcou o poder divino, portanto o próprio e o natural seria que repetisse, passo a passo, aquilo que, por ordem dele precisamente, havia escrito: 'No princípio, quando Deus criou o céu e a terra...'. E por aí continuaria, até ao fim do Pentateuco. Sendo cada profecia,

porém, mesmo se cumprida, mesmo se realizada, mesmo se fundadora, nada mais que uma simples parcela de uma verdade sempre por alcançar, talvez Moisés, ao obedecer à injunção do Buonarroti, tivesse preferido tomar para si outras palavras, aquelas que João viria a escrever em Patmos, bem mais misteriosas: 'No princípio era o Verbo...'.

"Não parece possível, razoavelmente, salvar as distâncias de toda a espécie, tanto as temporais como as de substância, que separam do Apocalipse a pintura de aparato exposta na Galleria Palatina, a não ser que queiramos imaginar que também Ticiano, depois de rematada a obra e espalhada sobre a tela a última camada de verniz, deu um passo atrás, olhou fixamente a figura do homem chamado Pietro Aretino que acabara de retratar, e, como Miguel Ângelo, ordenou: 'Fala!'. Atrevemo-nos a imaginar umas palavras que poderiam ter saído da boca sobre-humana de Moisés, e sem dúvida teremos errado porque nem sequer previmos a possibilidade de que ele tivesse dito simplesmente: 'Não quero ser mais do que o homem que fui', e agora, perante um Aretino que vira a cabeça lentamente para Ticiano e abre, para falar, lentamente os lábios, tão grossos como os do profeta, desejaríamos que as palavras que vai pronunciar, ainda que parecendo dizer o contrário, significassem derradeiramente o mesmo: 'Não quero ser mais do que o homem que nunca fui'.

"Que homem foi então este Pietro Aretino para que o seu retrato nos diga que não quer continuar a ser o homem que até aí havia sido? Em verdade, não devem ser muitas as pessoas neste baixo mundo cujas vidas tenham justificado com mais sérios motivos as justiceiras qualificações, negativas todas elas, com que o seu tempo e logo a posteridade definiram a personalidade e sobretudo o carácter de Pietro Aretino: foi venal, foi cobarde, foi vil, foi imoral, foi extorsionário... Tendo vivido numa sociedade corrupta (a do poder político e religioso da Itália pontifícia e cortesã do século XVI), e apesar de a ter denunciado nos seus escritos, fez-se tão corrupto quanto ela, já que, nas suas mãos, a exposição pública dos vícios alheios rapidamente se transformaria no instrumento com que alimentou, até ao fim, os seus próprios vícios. Se a majestosa e intimidativa figura do retrato pudesse realmente falar, jamais teria pronunciado as palavras que, para os objetivos desta ficção, foram postas na sua boca. Pelo contrário: fosse Pietro Aretino conhecedor de algum segredo vergonhoso da vida íntima de Ticiano, e bem capaz seria de ameaçar revelá-lo no caso de o pintor pretender cobrar-se do seu trabalho...

"Nascido em Arezzo, em 1492, filho, segundo se crê, de um artesão chamado Luca del Tura, autor de cartas que são terríveis libelos, mas também de poesias, dramas, comédias, hagiografias (compôs *Vidas* da Virgem Maria, de Catarina virgem e mártir, de são Tomás Beato...), escritor que com todo o direito ocupa o espaço e a atenção que as histórias da literatura italiana lhe consagram, o homem que foi Pietro Aretino fez da extorsão, da intriga e da calúnia premeditada a sua verdadeira profissão. O seu silêncio, sempre que se decidiu a vendê-lo, foi pago a peso de ouro, e dessa mesma e substantiva maneira se fez pagar pelos serviços que prestava como denunciante por conta alheia. Não encontrou outro modo de viver como queria, entre o luxo e o prazer. Cresceu à sombra de banqueiros e senhores enquanto se preparava para tornar-se, ele próprio, na sombra inquietante que se alimentaria de pasquins e delações. Dotado de uma invulgar capacidade para tirar proveito dos acontecimentos, trocará a proteção do rei de França, Francisco I, pela do imperador Carlos V, porque, entre vencido e vencedor, feitas friamente as contas, concluiu que de este lhe viriam maiores benefícios. Os últimos trinta anos da sua vida (morreria de enfarte em 1556) passou-os em Veneza, recebendo honras e reconhecimentos de todas as partes. A sua casa tornou-se famosa na Europa inteira como lugar de encontro de literatos e artistas. O crime compensa.

"Em 1524, como consequência de um escândalo, Pietro Aretino foi obrigado a fugir de Roma, onde então estava vivendo, mais ou menos sob a proteção do papa Clemente VII. A causa do escândalo e da subsequente fuga havia sido a composição e publicação de dezasseis sonetos sobre outros tantos desenhos do pintor e arquiteto Giulio Romano, antigo discípulo e colaborador de Rafael. São os *Soneti sopra i 'XVI modi'*. Será interessante, sem dúvida, observar que, ao contrário do que sucedeu a Aretino (e também a Marcantonio Raimondi, gravador dos desenhos), não parece que Giulio Romano tenha sido objeto de qualquer perseguição. A explicação imediata desta disparidade de procedimento encontra-se, presumivelmente, no que, em termos muito simplificados, poderá designar-se como o resultado de uma diferença socialmente consensualizada entre o foro do privado e o foro do público. A pedra de escândalo não estava em Giulio Romano ter desenhado umas quantas arquiconhecidas posturas eróticas, estava sim na publicidade que lhes havia sido dada, primeiro pela gravação de multiplicação dos desenhos, logo pela sua interpretação literária. Talvez, porém, seja possível adiantar-nos um pouco mais no entendimento dos factos e das circunstâncias em que ocorreram, se atendermos, não só à diferente natureza da *informação* contida nos desenhos e nos sonetos, como também à sua densidade e perdurabilidade...

"O problema de fundo encontrar-se-á, possivelmente, na instável linha de fronteira, na movediça e questionável distinção entre o que, em geral, se dignifica e honra por erótico e o que, em geral, se aborrece e despreza por pornográfico... Querer resolver a dificuldade recorrendo às definições dicionarísticas comuns de erotismo e pornografismo não serviria senão para confundir ainda mais as coisas, dado o carácter intercomutável de alguns dos conceitos com que uma e outra se constituíram. Ponhamos então de lado, por um momento, as palavras dos dicionários, e apelemos às imagens explícitas da arte a que, em alguns casos por mera ampliação do que chamamos cultural, passámos a chamar erótica, uma arte produzida em tempos e lugares distintos, de que podem dar-se aqui como exemplos ilustres determinadas esculturas de igrejas medievais, determinadas estampas chinesas e japonesas, ou, suprema demonstração, o friso do Paraíso no Templo de Vishwanath, na Índia, diante do qual ninguém ousará dizer, apesar do realismo quase fisiológico das composições esculpidas, que o que os seus olhos estão contemplando é pornografia...

"Que será, então, o que distingue o erotismo do pornografismo? Ou melhor, e indo diretamente à questão que nos vem ocupando: serão eróticos os desenhos de Giulio Romano? Ou são, pelo contrário, pornográficos? Serão pornográficos os sonetos de Pietro Aretino? Ou são, pelo contrário, eróticos? Que critérios precisos, que pautas reguladoras, que normas judicativas poderão decidir sobre a aposição de qualquer desses rótulos a uma obra de arte ou a uma obra literária? É mais do que provável que, depois de considerados os diversos fatores, tanto os imediatos como os hipotéticos, de ordem dita racional (os critérios, as pautas e as normas a que aludimos), acabássemos por concluir que os únicos instrumentos fiáveis de medida, ainda que subjetivos, são o gosto e a sensibilidade. Ora, tanto o gosto como a sensibilidade são medidas altamente variáveis, ao extremo de não haver duas pessoas que neles coincidam em tudo, e tão variáveis no indivíduo que não se mantêm constantes ao longo de uma vida. O que significa que os sonetos de Aretino e os desenhos de Giulio Romano serão chamados eróticos ou pornográficos segundo o tipo e o grau de gosto e sensibilidade de cada recetor pessoalmente considerado, no quadro, claro está, de um gosto e de uma sensibilidade predominantes.

"Tudo isto, sendo bastante óbvio, leva-nos finalmente ao ponto que temos por essencial e que já vínhamos aflorando ao longo do texto, de modo mais patente na alusão que foi feita antes à natureza, à densidade e à perdurabilidade *informativa* dos desenhos de Romano e dos sonetos de Aretino. Sobre a *natureza* da informação, não parece que ela requeira uma atenção particular: expostas, no primeiro caso, por um ordenamento de traços, e explicadas, no segundo caso, por um ordenamento de palavras, o que ali está são representações de diversos atos (os *modi*) sexuais entre um homem e uma mulher. Quanto a uma avaliação da *densidade* da informação, ou, melhor dizendo, da sua *intensidade*, e portanto dos efeitos causados no recetor, parece claro que ela estará dependente, mais do que nunca, da sensibilidade e do gosto de cada um. Resta portanto a *perdurabilidade*. Que deverá entender-se, neste caso, por tal? Não a *perdurabilidade* dos efeitos (quaisquer que possam ter sido) causados pela leitura dos sonetos ou pela observação dos desenhos, mas sim a *duração*, no espírito do recetor, da impressão inicial recebida de uns e outros. Tendo em conta aquilo que representam, os desenhos de Giulio Romano poderão, sem esforço excessivo, ser tomados como pornográficos. Mas estarão condenados a sê-lo para sempre? É duvidoso. Diremos mesmo que nada é menos seguro. Pouco a pouco, a observação repetida dessas imagens (ou de outras do mesmo género) irá fazendo atrair ao primeiro plano os fatores eróticos presentes, ao mesmo tempo que fará diluir o que nelas tivesse havido de pornografismo. Com risco de tombar em pleno paradoxo, atrevemo-nos a sugerir que o pornografismo de uma imagem é suscetível de *erotizar-se* pela observação... E esse outro ordenamento que são as palavras dos sonetos de Aretino, como se comportará ele ao ser sujeito a um processo idêntico de apreensão do sentido? Percorrerá a sua própria *perdurabilidade* o caminho por que fizemos passar as imagens? Se entendermos que os sonetos — verbo, verbo como princípio, verbo como fim — sobre os dezasseis modos são simplesmente eróticos, poderá uma leitura repetida *pornografizá-los*? Ou *erotizá-los*, se são pornográficos?

"Se não nos extraviámos demasiado durante a análise que nos trouxe a este ponto, tudo indica que a *perdurabilidade* da palavra, ou a sua *fixidez*, ou ainda, por outros termos, a *duração* do que expresse na forma-conteúdo em que o expressou, superará sempre a da imagem. Diremos, então, que a forma-conteúdo dos sonetos de Pietro Aretino se nos afigura tão irremediavelmente pornográfica, que não só o tempo passado a não conseguiu erotizar, como cremos que igualmente a não erotizará o tempo futuro. Afinal, talvez do que se trate, em tudo isto, é de saber se Eros está presente. Os desenhos de Giulio Romano não expulsaram o Amor, é ainda Amor o que está sucedendo em cada um deles, ao passo que nos sonetos de Pietro Aretino não se vê nem se pressente um sinal, mesmo que breve, da sua presença. Não cremos que seja preciso procurar mais longe..."

31 de julho

Para Rosina Gómez-Baeza, diretora da ARCO, algumas palavras a propósito da participação portuguesa este ano, aproveitando o *Manual*:

"Tendo pensado que não devia dar um nome ao pintor protagonista de *Manual de pintura e caligrafia*, decidi designá-lo apenas pela letra H., que tanto poderia ser a inicial de Homem, segundo acreditou um crítico, como, por exemplo, a do onomástico Honorato (tomado, ó ilusões, de Honoré de Balzac...), pseudónimo com que, muitos anos antes, havia subscrito e enviado ao concurso literário organizado por uma editorial de Lisboa um romance de juventude intitulado *Claraboia*, que permaneceu inédito até hoje. (É muito difícil destrinçar os complicados caminhos que as ideias seguem dentro das nossas cabeças, em particular as suas raízes mais remotas, e, dificuldade suprema, apurar que parte de responsabilidade tiveram essas raízes num pensamento que, ao surgir, nos havia parecido como simples e imediato fruto da ocasião.) O meu H. não é mais que um medíocre pintor de retratos, dotado de suficiente habilidade para reproduzir na tela (ainda pinta sobre tela e a óleo, o pobre...), mas incapaz de ultrapassar a linha de fronteira que o separa do que ele imagina ser a *verdadeira* arte, isto é, a arte produzida pelos *outros*. Ele mesmo o diz: 'Isto que faço não é pintura'. H. é só H. porque a sua mediocridade o impediu de ter *nome*, e é porque a arte, no seu caso, ficou *por fazer*, que o seu nome ficou *por acabar*. Porque na expressão acabada do que se tiver para dizer é que está o nome que se merece ter.

"Por estas e outras razões menos 'filosóficas', o pintor português H. nunca teria sido convidado a levar os seus retratos à ARCO. Tivesse ele essa louca pretensão, que logo apareceria alguém a recordar-lhe as palavras por ele próprio escritas (o romance está redigido na primeira pessoa) no início do seu *Manual*: 'Diziam os críticos (no tempo em que de mim falaram, breve e há muitos anos) que estou atrasado pelo menos meio século, o que, em rigor, significa que me encontro naquele estado larvar que vai da conceção ao nascimento: frágil, precária hipótese humana, ácida, irónica interrogação sobre o que farei se chegar a ser'. H. não necessita que lhe digam que não é um bom pintor (de mais o sabe ele...), mas goza da virtude entre todas rara de conhecer com rigorosa precisão as suas limitações. Consciente de que não alcançará nunca a ser grande, quererá, ao menos, descobrir as formas e modos de grandeza que existam no pequeno. Só por isso é que continuará a pintar.

"Algum dia terá entrado H. no ARCO. Contemplou as pinturas para tentar compreender o que nelas houvesse que lhe faltava a ele, rodeou as esculturas como se cada uma fosse o sol e ele o satélite, interrogou as 'instalações' (interrogou-se a si próprio...) porque pensa que essa é a melhor atitude que se deve ter diante delas, e, tendo visto tudo, regressou a Lisboa, ao seu pequeno atelier de pintor de retratos, ao trabalho de todos os dias. Se chega alguma vez a conseguir o que quer, saber-se-á. Então, ARCO não terá outro remédio que convidá-lo..."

1 *de agosto*

Por uma notícia publicada na *Visão* fiquei finalmente a saber de que homenagem falava Duarte Lima a Baptista-Bastos. Nada mais nada menos que o meu nome numa rua de Mafra...

4 de agosto

Regresso de uma incursão rápida à Península. Victorino Polo, catedrático de literatura hispânica na Universidade de Múrcia, de cuja amizade já ficou agradecido sinal nestas páginas (v. *Cadernos — II*, 15 de março), organizou, no âmbito dos cursos de verão da Universidade Complutense, celebrados como de costume em El Escorial, um curso sobre o tema "Literatura fim de milénio", com leituras, mesas-redondas e debates. Como me coube a mim inaugurá-lo (também intervirão Ana María Matute, Francisco Umbral, Alfredo Bryce Echenique e Fernando Arrabal), levei para ler aos alunos *O conto da ilha desconhecida*, uma história que parece ter nascido sob o mais favorável dos influxos astrológicos, se podem servir de avaliação o entusiasmo e a duração dos aplausos. Na mesa-redonda (animadíssima) participaram Andrés Sorel e Juan Cruz, a par, claro está, do próprio Victorino Polo e de quem o dito conto escreveu. A dois anos do começo do novo milénio, era inevitável que alguém quisesse saber como será a literatura na centúria que já vem a virar a esquina. Respondi mais ou menos nestes termos: "Não sei como irá ser a literatura do século XXI. Recordo, porém, que no final do século XIX ainda se poderia esperar o advento de um Proust, mas seria muito difícil prever o aparecimento de um Kafka, e certamente impossível imaginar um James Joyce. O melhor é não fazer prognósticos". Outro aluno afirmou que a literatura de hoje está "domesticada", e eu respondi ser certo que estamos observando uma operação de "domesticação", dirigida principalmente pelo mercado, em nome de supostos (e sobretudo fomentados) gostos dos leitores, mas que, apesar de tudo, ainda existe uma literatura que não se deixa "domesticar". "O problema está", concluí, "em que vão ser precisos muitos leitores indomesticáveis para que a literatura continue a ser indomesticável." Talvez levado pelo atrevimento da ideia, propus que os meios de comunicação social, em especial a rádio e a televisão, criem tertúlias permanentes de leitores (de leitores, não de críticos) para que, do seu particular ponto de vista, falem dos livros que nós escrevemos e eles leram. Veremos se alguém pega na sugestão.

5 de agosto

Não fomos nós a Chiapas, veio Chiapas até nós. Chegada de María Novoa.

8 de agosto

Um dia deixei consignada nestes *Cadernos* a única ideia em tudo original que até aí tinha produzido (e suspeito que desde então não consegui espremer da cabeça outra de quilate semelhante), aquela luminosíssima ocorrência de que na publicação da obra completa de um escritor deveria haver um volume ou mais com as cartas dos leitores. Fala-se, discute-se, discorre-se sobre as teorias da receção (empurrando portas abertas?), e parece que ninguém repara no inesgotável campo de trabalho que oferecem as cartas dos leitores. No que a mim respeita, deixo aqui dois documentos que não poderiam faltar. Escreveu-os José V. Gavilanes Cueto, de León, e Pilar é a destinatária da primeira carta:

"Querida Pilar: escrevo-te a ti, pedindo que, após a tua leitura, faças chegar esta carta ao sr. José, pois considero que não pode haver segredos entre um escritor e os seus leitores.

"Sendo tu mulher e possuidora de um coração sensível, sabes bem o que te peço, quando te peço que lhe entregues esta carta: intercede, implora, suplica, fá-lo cair em si, pois quando se trata de pedir alguma coisa a um homem, nunca nenhum resiste a uma mulher, mesmo sendo impossível o que se lhe pede. Lembra-te de que é antiga como o mundo a ideia de que o homem apenas comeu por ter sido seduzido pela companheira e de que, naquelas núpcias, água e vinho foram confundidos por mercê de uma mulher.

"Por isso, agradeço-te, Pilar."

A carta para mim é mais extensa:

"Caro sr. José: o assunto que me preocupa não é de somenos importância, sobretudo tratando-se de algo que nos afeta a ambos. Veja o senhor: há tempos, escrevi alguns romances pertencentes à mesma família dos 'seus'. Apenas lhe vou falar de dois ou três. Um deles começa por 'Disse o revisor, Sim, o nome deste sinal é *deleatur*'; outro começa com a descrição de uma gravura, creio que de Dürer, que representa um Calvário; outro, enfim, narra a génese e o crescimento de um Escorial português.

"Não sorria assim, sr. José, que o assunto é sério, tão sério quanto sérios são juízes e tribunais, togas e martelos (mas sem foices, companheiro), pois segundo o artigo 270 do vigente Código Penal, 'será punido com pena de seis meses a dois anos de prisão ou multa de seis a 24 meses aquele que reproduzir, plagiar, distribuir, total ou parcialmente, uma obra literária...'.

"'O meu defendido apresenta, como provas irrefutáveis da autoria das suas obras, as primeiras edições dessas e de outras obras, que tanto críticos como simples leitores certamente qualificarão como pertencendo ao mesmo estilo, pois muito entendimento não é requerido para o fazer. E em todas elas consta o mesmo nome como autor: José Saramago. Outrossim, o requerente não apresenta sequer o mais pequeno indício, razão pela qual terão de ser devolvidas as tornas e as vozes, convertendo em ativa a passiva e em requerido, o requerente.' Estes breves floreados do seu letrado são suficientes para o colocar ao corrente do teor da totalidade da alegação (como na gíria se diz).

"Sei que o senhor é um homem de bom coração, ouça as minhas razões e julgue-me segundo este e deixe-se de Códigos que dão pena. É certo que o seu nome consta nessas obras, mas não seria a primeira vez que, na história do 'deleatur', acontece uma emenda indevida, José Saramago em vez de José Gavilanes, sobretudo contando o senhor com um conhecido, familiar ou amigo que trabalha na Conservatória do Registo e que, embora também sendo homem de bom coração, não é a primeira vez — e isto fica entre si e mim — que falsifica credenciais, autorizações e assinaturas.

"Mas, perguntará o senhor, se apresento eu alguma prova. Sim, a mais decisiva que possa conceber-se entre pessoas de bem: o testemunho de muitos conhecidos e amigos, entre os quais, Jesus, colega de trabalho com o qual, muito para meu pesar, conversei pouco sobre livros, viagens e vida por termos diferentes turnos de trabalho; Alberto, leitor culto e com critério, que me garantiu não ter pressa para acabar um livro — o de Ricardo Reis, se não me engano — porque tinha a certeza de que lhe iria agradar sobremaneira e me agradeceu que tivesse sido eu, não o senhor, sr. José, quem o escrevera; Luís Gerardo, com quem me deleito saboreando episódios, mensagens e vidas destes livros... Que mais testemunhos quer? Quando eles leem estes livros, lembram-se de mim, conversam comigo, desfrutamos juntos. Para eles — e o que importa são os leitores —, sou eu o autor, sr. José, e a si, não o conhecem; e não me diga que um nome numa capa é suficiente para o conhecer, porque jamais o nome e os apelidos foram suficientes para se ficar a conhecer alguém, pois, de contrário, debalde teria o seu amigo, sr. José, o da Conservatória, esfolados os joelhos e a alma, amando alguém que não conhecia, por muito que soubesse nome e apelidos e tivesse, inclusivamente, conseguido retratos — velhos e extemporâneos, verdade seja dita.

"Não insisto mais, sr. José. Deixemo-nos de pleitos e tribunais, que bem conhece a maldição da cigana (*Pleitos tengas y los ganes*), tanto mais no caso de sair escaldado, como não deixará o senhor de reconhecer tendo em conta os meus argumentos.

"Retiro a querela em troca de o senhor entregar o romance ao prelo com o seu nome, sr. José, porque o meu não é famoso, e sei que os direitos de autor não irão parar a ruim e avara algibeira; que o imprima, é o que lhe digo, que esse romance, já o temos quase escrito. E que se chame *Caverna*, *Cuevas* não — advirta a Pilar quando traduzir, por favor —, que *cuevas*, com sagrado respeito pela pessoa, me faz recordar a CEOE (Confederação Espanhola de Organizações Empresariais), balanços, lucros, acertos, flexibilidade laboral e moderação salarial.

"Entregue depressa ao prelo as suas palavras e dizeres, e eu esqueço reclamações e querelas, pois somos muitos os Jesuses, Albertos e Luíses-Gerardos que estamos no aguardo."

9 de agosto

Chama-se "África" o artigo que escrevi hoje para a *Visão*:
"Tenho na minha frente dois instantâneos fotográficos, daqueles que a comunicação social imediatamente classifica como 'históricos', sem se dar ao trabalho de esperar que a história dê a sua opinião. Um foi captado em maio de 1995 e apresenta-nos o abraço 'fraternal' que uniu em Lusaka o presidente da República de Angola, José Eduardo dos Santos, e Jonas Savimbi, presidente da UNITA. O segundo instantâneo, obtido a bordo de uma fragata portuguesa, tem menos de três semanas e não é tão sobejado na demonstração 'afetiva': contenta-se com registar o frio aperto de mão que selou a assinatura do acordo de tréguas

entre o governo da Guiné-Bissau e a facção militar insurreta. O tempo não tardou muito em mostrar que o abraço de Lusaka, afinal de contas, não tinha aberto o caminho para a paz. Será também o tempo a mostrar se o desconfiado aperto de mão no camarote do comandante chegará a valer mais que o abraço...

"Não é preciso ter-se nascido com uma visão especialmente aguda para distinguir o que ali se encontra, naquele reduzido espaço que separa os dois homens que se abraçam e os dois homens que se apertam as mãos: mortos, mortos, montões de mortos, centenas deles no caso da Guiné-Bissau, muitos, muitos milhares no caso de Angola. Sempre assim foi. A paz precisa tanto de mortos como a guerra que os fez. Os abraços de conciliação são trocados no alto de uma pirâmide de mortos, os apertos de mão sobre um rio de sangue. A guerra é o absurdo que se tornou quotidiano, a paz não ressuscita ninguém. Sobreviventes dos morticínios, dos saques e das humilhações infligidos pelo colonialismo velho, moçambicanos, angolanos, guinéus, e como eles a África toda, prosseguiram pelos seus próprios meios, cada vez mais eficazes, o trabalho da morte, preparando, muitos deles cientemente, o campo onde se irão instalar, com as mãos livres e a impunidade garantida pelas múltiplas cumplicidades do crime, as formas novas de exploração que já esperam a hora de avançar. Entretanto, África — a África onde a humanidade nasceu — desfaz-se em sangue e vísceras espezinhadas, mirra-se de fome e de miséria extrema, apodrece ao abandono, perante a impaciência mal disfarçada do mundo que continuamos a chamar 'culto' e 'civilizado'. Tudo se passa como se estivéssemos à espera de que a guerra, a fome e as epidemias acabassem de vez com os povos africanos, à espera de que limpem o terreno desses incómodos milhões de crianças famélicas cuja última agonia as televisões distribuem a domicílio, à hora do jantar.

"A África, porém, já não cabe em África, já não se resigna a morrer em África. Está em curso o que será, provavelmente, uma das maiores migrações da história humana. Vagas ininterruptas de africanos, sem trabalho e sem esperança de o conseguirem na terra que é sua, movem-se em direção ao norte, em direção à Europa das riquezas e do bem-estar, atravessam o Mediterrâneo em frágeis embarcações deixando atrás de si um rasto de afogados — mais mortos, sempre mais mortos —, e, se logram pôr pé em terra e escapar às diversas polícias que os caçam e os devolveriam ao outro lado do mar, vão sujeitar-se, na esmagadora maioria dos casos, a condições de existência indignas, desprotegidos de tudo, insultados por todos, mal sobrevivendo apenas, não perguntemos como. Quando o centro (isto é, a Europa) se deslocou à periferia (isto é, a África), o que fez lá foi explorar em exclusivo proveito próprio as imensas riquezas materiais do continente, sem ter em consideração o futuro dos que lá viviam e dos que lá nasceriam. Agora, gerações passadas, depois de longas e dolorosas lutas pela libertação e pela independência, em muitos aspectos malogradas, é a periferia que avança sobre o centro... Os ventos que os países colonialistas — em maior ou menor grau, toda a Europa — desumanamente foram semear à África estão a transformar-se em furacões devastadores. São terríveis as notícias que de lá chegam todos os dias à 'fortaleza europeia', mas ninguém parece saber aqui que resposta dar à pergunta: 'Que fazer?'. Dão-se respostas, sim, mas não a *resposta*, essa que, se não sofro de utopia incurável, só poderá ser a de criar em África condições de vida que mereçam ser chamadas humanas. A Europa vai ter de restituir a África o que lhe roubou em quatrocentos anos de impiedosa exploração. Como? Decida-o a sociedade europeia, se ainda lhe resta algum sentido ético."

10 de agosto

Carta de Vaikom Murali, do estado de Kerala, Índia.

14 de agosto

O rancho folclórico da região de Coimbra em Castril. A surpresa. As fotografias.

15 de agosto

Depois de semanas de trabalho, terminei a prosa que a escultora catalã Susana Solano me pediu para a exposição que proximamente apresentará em Barcelona. Pus-lhe o título de "O uso e o nome":

"Se nos ativermos à definição corrente, um ready-made não é mais do que um objeto de uso quotidiano promovido ao plano da obra de arte pela assinatura que o artista escrever nele e pelo título de fantasia que lhe atribuiu. O urinol a que Marcel Duchamp deu o nome de *Fonte* (dupla contradição: sendo, como é, recetáculo, um urinol é precisamente o contrário de uma fonte...) e depois expôs como se se tratasse de uma obra de arte, não teria sido olhado como tal se a sua nova designação, consequência de uma intervenção de ordem metonímica, portanto mais 'literária' que 'plástica', não o tivesse desviado de um modo radical do seu sentido e função originais. Ao fazê-lo, Duchamp tornou possível o que até esse momento não teria sido sequer imaginável: que 'qualquer coisa' pudesse ser ascendida a categoria artística. A inesperada inversão lógica e o profundo abalo das noções estéticas correntes causados pela ousadia de uma provocação que, numa primeira consideração, se apresentava como francamente revolucionária ao conferir, não só ao artista, mas igualmente às pessoas comuns, uma capacidade de expressão aparentemente inesgotável, não tardariam muito a deixar à vista o lado frágil da novidade: os ready-made multiplicaram-se por toda a parte, e, com o decorrer do tempo e a repetição das experiências, cada vez pareceram mais banalizados, mais exaustos, menos capazes de surpreender...

"Não será exagerado dizer que durante muitos anos (a *Fonte* é de 1917) o ready-made exerceu nos espaços culturais do Ocidente uma espécie de 'dominação intelectual', como se a sua mais determinada e reivindicativa característica, a de uma arte-que-não-era-arte, só pudesse justificar-se e preservar-se graças a uma presença e a uma ocupação tendencialmente exclusivas e de algum modo 'parasitárias', e que, em certas áreas da representação plástica, acabaram por estabelecer à sua volta algo como um 'vazio' de perspetivas. Era evidente que depois da *Fonte* nada na escultura poderia tornar a ser como antes, mas não era menos manifesto que, praticado e glosado literalmente até à náusea, aquele mesmo ready-made que parecera ter vindo ao mundo da arte para abrir um novo e fecundo caminho, tinha acabado, afinal de contas, por fechá-lo. A ultrapassagem dessa barreira, porém, só poderia ser realizada no mesmo plano, mas não na mesma direção, por uma superação da proposta de Duchamp, e nunca por intermédio de qualquer forma mais ou menos disfarçada de retorno a um momento anterior ao seu advento. Deve ter sido esse movimento, se não erro demasiado, que fez surgir o que hoje universalmente designamos por *instalação*. Não já a mostra de objetos isolados e de uso quotidiano alçados a categoria artística pela circunstância adicional e marginal da sua exibição pública, mas a escolha e a ordenação espacial de objetos e materiais preparados de antemão (ou tomados como estavam), com vista a causar no observador uma impressão estética ou emotiva de nível superior àquela que cada um dos seus componentes, um por um, tomados isoladamente, seria capaz de proporcionar.

"Alcançado este patamar de uma análise que, por maior segurança (sempre mais que precária, bem o sabemos todos), progride em pequenos avanços, passando de um degrau a outro, uma pergunta, a meu ver essencial, principia a desenhar-se-me no espírito: terá sido o ready-made sempre, e sempre terá de o ser, somente aquilo a que pareceu ficar obrigado, de uma vez por todas, pela definição que dele começou por ser dada, isto é, um objeto quotidiano promovido ao plano da obra de arte etc. etc…? Por outras palavras: será indispensável, será mesmo forçoso que se trate de um objeto de uso, no sentido que é correntemente dado a esta expressão? Ou ainda: não poderão os conceitos de 'feito' e 'confecionado', que basicamente têm definido o ready-made, ser extensíveis a todo e qualquer objeto, mesmo não 'confecionado', mesmo não 'feito', isto é, *natural*? E indo um pouco mais longe: não serão os múltiplos processos operativos da natureza um *fazer* contínuo? (Virá talvez a propósito, creio, observar que todo o debate sobre os méritos e os deméritos relativos do *acabado* e do *inacabado* e *incompleto* parece ressentir-se de uma certa resistência da mente a aceitar o que se me afigura uma obviedade: seja ele artificial, seja ele natural, o *acabado*, simplesmente, não existe. O polido ou a aspereza final da superfície de uma escultura, por mais apuradas que tivessem sido a habilidade manual ou a eficácia técnica postas no seu tratamento, nunca conseguiriam, por exemplo, supondo que de um 'retrato' se tratasse, reproduzir a aparência da pele representada. Por sua vez, tal como ao corpo da pessoa retratada irá suceder, o material em que esse corpo foi mais ou menos 'reproduzido' vai ficar sujeito à ação erosiva e corruptiva do tempo: o *fazer* prolongar-se-á num *desfazer*, sendo este, por seu turno, concomitante de um *refazer* que, perante a extrema complexidade das suas relações e reações internas, nos aparecerá como um agente simultaneamente de conservação e transformação, ou, com maior rigor, de conservação na transformação.)

"Fechado o parêntesis, regresso às palavras que o antecediam imediatamente: 'Não serão os múltiplos processos operativos da natureza um *fazer* contínuo?', perguntei. Uma pedra *natural*, isto é, não modificada, não alterada (a etimologia é eloquente: *alter*, outro) pelo artifício do trabalho do escultor ou do canteiro, seria, de acordo com este modo de ver, um ready-made produzido pela natureza. Objetar-se-á que, por si sós, as proporções ou o tamanho de uma pedra como essa, *natural*, não seriam suficientes para sugerir ao observador a virtualidade de um determinado uso, exceto, como já foi adiantado, o que viesse a resultar de uma intervenção exterior de carácter 'agressivo' (rompimento ou mesmo simples deslocação) que modificasse a integridade do objeto ou a sua relação espacial com o que o rodeava. O reparo é pertinente. Creio, porém, que a chave para a resposta se encontra na própria objeção, precisamente nas palavras *intervenção exterior*. Sem o olhar que de fora intervém observando, ponderando, avaliando, sem a mão que de fora intervém movendo, fraturando ou acariciando, o objeto ficará encerrado em si mesmo, *sem uso*. O equívoco de Marcel Duchamp (que os deuses do Olimpo me não condenem aos infernos por esta falta de respeito...) terá sido pensar que o *uso* consiste só numa utilidade social e consensual do objeto e da frequência da sua utilização. As três pedras que Susana Solano suspendeu de um muro, atadas por cordas (ou não as terá suspendido e atado ela, apenas as encontrou assim numa aldeia africana, mas, porque as fotografou, *utilizou-as* para uma função diferente daquela que tinham, como se o ato interventor da fotografia significasse dar *outro nome*...), são um entre outros sinais que, segundo o modo de observar e entender que tenho aqui desenvolvido, põem em causa, por demasiado redutora, a visão 'subversiva' de Marcel Duchamp.

"Explicitamente referida, Susana Solano só agora vem tomar lugar nesta análise, mas, podendo embora não o parecer ao leitor, é da sua obra que, desde a primeira linha, e logo no título, tenho estado a falar. É verdade que, tanto quanto suponho saber, Susana Solano nunca mostrou qualquer interesse efetivo pelos ready-made e pelos seus avatares mais imediatos, pelo menos ao ponto de ser ou de ter sido alguma vez sua 'praticante', mas, ainda assim, aventurar-me-ia a propor aqui a ideia (temerária, sem dúvida, polémica, com certeza) de que, através de um processo mental e sensorial altamente complexo, cuja análise não poderia caber num discurso breve, como este é (para mim são testemunho desse processo a maior parte das reflexões provenientes da 'memória pessoal' da artista), o seu trabalho como escultora ter-se-ia orientado de modo predominante para o 'fabrico' de um extenso conjunto de objetos singulares de *uso desconhecido*, isto é, de uma *utilidade futura* ainda por encontrar. (Quando os seres humanos apareceram no planeta também não sabiam a que *usos* iriam servir...) Não se trata de um mero jogo de palavras. Tal como a vejo, Susana Solano pertence cultural e 'antropologicamente' à espécie *Homo faber*: os aços, os ferros, os chumbos, as redes metálicas, os vidros, algumas vezes os bronzes, os mármores, as madeiras, ou para perplexidade e desconcerto meus, os plásticos, são as matérias de que se tem servido uma vontade objetivamente 'construtivista' (como penso que a sua é, ainda que nunca em sentido 'escolar') para criar estruturas 'expectantes' (atenção a esta palavra) que, nas suas formas mais ambiciosas, quer naquilo que evidenciam, quer naquilo que sugerem, não se contentam já com ser objetos propostos para um *uso* futuro, porquanto procuram e conseguem suscitar no espírito do observador, não apenas a impressão instantânea de uma exterioridade expressiva direta ou indiretamente arquitetónica, mas também, mais lenta, mais interior, mais compacta, a impressão da sua 'densidade'. Penso que seria este um outro e interessante caminho a percorrer no estudo da obra de Susana Solano.

"Quando antes mencionei as estruturas realizadas (quer dizer, tornadas reais) pela artista, designei-as por 'expectantes' e pedi para este adjetivo uma atenção particular. Devo portanto explicar porquê. Que o efeito de qualquer tipo de 'expectação' dependa da sensibilidade e da subjetividade pessoal do observador, é uma evidência que não admite ser negada ou sequer posta em dúvida. Em todo o caso, creio que se compreenderá melhor o que pretendi expressar se acrescentar que, tal como as vejo e julgo compreender, as esculturas de Susana Solano, na sua maioria, *não estão — são*. Melhor dizendo: *estão* como objetos que *são*, mas *são* como presenças que *estão*. Só aquilo que, *estando, é*, tem poder para subir ao nível da 'expectação'. Agora, seguindo a 'heterodoxa' linha de análise que me conduziu até aqui, ouso dizer que os objetos criados por Susana Solano (esculturas são objetos) aguardam (esperam) a chegada do tempo em que a sua *utilidade* será finalmente encontrada, e portanto descoberto o seu *uso*. É por isso que, em meu entender, deveremos aceitar como simplesmente provisórios e circunstanciais os nomes que, fruto de viagens mentais que sempre ignoraremos, lhes foram atribuídos pela artista (são exemplos *Morte de Isolda*, *Arcángel Gabriel*, *Con luz propia*, *Colinas huecas*, *Mar de Galilea*, *Senza ucelli*, *Aquí yace la paradoja*, *Sendero*, *Mozart*, *Puerta del olvido*, *Aristóteles*, *En busca de un paisaje*...), e esperar que o efeito de 'expectação' causado no espírito pela contemplação desses objetos criados por Susana Solano faça nascer *outros nomes* igualmente provisórios, igualmente circunstanciais, igualmente precários, que expressem (que tentem expressar) o *uso* que, nesse momento, neles nos foi necessário. Sem esquecer, porém, que as coisas, sendo também aquilo que nos parecem, nunca deixam de ser o que são..."

16 de agosto

Há quase dois meses o jornalista brasileiro José Augusto Ribeiro enviou-me um questionário para uma entrevista a ser publicada na revista bimestral *Cenário*. Terminados os trabalhos mais urgentes (o prefácio para os *Sonetos* de Aretino e o ensaio sobre a escultura de Susana Solano), fiz hoje uma breve incursão a esse mundo do teatro que continuo a sentir como algo próprio, mas, ao mesmo tempo, alheio. Eis as perguntas de José Augusto Ribeiro e as respostas dadas:

A edição brasileira de Que farei com este livro? *reúne as três primeiras peças da sua produção dramatúrgica. Os textos compõem uma trilogia? Uma análise sumária poderia supor que os enredos estão unidos pelo tema da "castração" — do escritor que tem a sua obra vetada pela Inquisição e pela corte de Lisboa; do jornalista premido pelos dogmas fascistas do periódico em que trabalha, e do "santo amigo dos pobres", cujo ideário mendicante é corrompido pela reverência fervorosa ao lucro. Estes enredos podem estar interligados por outras semelhanças temáticas?*

Obviamente, tendo em conta a diversidade dos temas tratados, essas peças não foram pensadas para constituírem uma trilogia. O que nelas possa ser encontrado de comum (não estou de acordo com a ideia de "castração": há que ter cuidado com a vulgata da psicanálise, que se mete por toda a parte...), resulta das preocupações de um autor que segue o princípio de não escrever se não tiver para dizer algo que considere importante. O que, claro está, não significa que seja de facto importante tudo quanto escreve.

A peça Que farei com este livro? *está situada num momento crucial da história de Portugal, quando seu território seria anexado ao reino de Castela. Para atingir uma encenação fiel ao texto original, uma eventual montagem pode resvalar nas exigências do "teatro de época", produção acurada para reproduzir, fidedignamente, as características (cenário e figurino) do período e o vocabulário erudito do século XVI. Pelo menos no Brasil, estas são implicações que só o chamado "teatrão" consegue superar — ainda assim, com muito dinheiro. Sabendo que o senhor é um defensor ferrenho dos princípios marxistas, não consigo imaginar a intenção de elitizar a encenação. Gostaria de conhecer a opinião do autor sobre a melhor maneira de contornar ou transpor estas barreiras.*

A que chama "elitizar" uma encenação? É verdade que não será desejável pôr em palco *Que farei com este livro?* sem ter em conta, tão amplamente quanto possível, os diversos aspetos identificadores quer da época quer da situação, mas a invenção do encenador pode sempre encontrar soluções aproximadoras entre o tempo de então e o tempo de agora. Camões, na peça que estamos a tratar, trajava como qualquer de nós, ao passo que as restantes personagens vestiam à época. A intenção foi imediatamente compreendida pelo público: a luta do criador contra o poder é de sempre.

A transição de Portugal para os domínios do reino de Castela parece ser o pano de fundo de Que farei com este livro?, *uma vez que os holofotes estão virados para a figura de Camões, que retorna da Índia com um clássico da língua portuguesa nas mãos. A peça paga tributos ao autor de* Os lusíadas?

Camões é Camões, não necessita de tributos. O que na peça se denuncia é a "apagada e vil tristeza" de que o poeta fala nas últimas estâncias d'*Os lusíadas*.

Seu primeiro texto teatral, A noite, *também é ambientado em uma passagem histórica emblemática de Portugal, a Revolução dos Cravos. A presença de momentos políticos conturbados em suas peças não o aproxima do teatro dialético idealizado por Bertolt Brecht? Qual é a sua motivação ao tratar destes temas?*
A corrosiva crítica ao regime capitalista que permeia A segunda vida de Francisco de Assis *também faz-me pensar em um teatro dialético, quase militante.*

Sabe-se o que penso do sistema de capitalismo autoritário que nos governa. É portanto natural que seja essa uma das ideias condutoras dos meus textos, teatrais ou não. Mas estou muito longe (longíssimo, mesmo) de um projeto de teatro militante, para o qual seria primeira condição que eu fosse dramaturgo, quando o certo é que não sou mais do que um romancista que algumas vezes escreveu teatro.

Retratar passagens históricas não pode delimitar a longevidade e atualidade dos textos? De que forma evitar o tom anacrónico destas peças atreladas a acontecimentos "enciclopédicos"?

Não confundamos as coisas. O bom teatro pode sobreviver às mudanças do gosto. Provavelmente as minhas peças não sobreviverão, mas, se tal acontecer, não será por terem tratado passagens históricas, mas por não serem suficientemente boas.

José Saramago é um nome cristalizado no Brasil graças aos romances (brilhantes) Ensaio sobre a cegueira *e* Memorial do convento, *entre outros. A dramaturgia do senhor, ao contrário, só chega ao público brasileiro agora, com o lançamento de* Que farei com este livro?. *Existem diferenças significativas entre a escrita (estilo e conteúdo) do romancista, a do dramaturgo e a do contista? A meu ver, o existencialismo está latente em todos os três géneros literários, mas o teor político aparece mais contundente nas peças teatrais e nos contos, especialmente nos de* Objeto quase.

Antes da publicação das três peças agora publicadas sob o título de uma delas — *Que farei com este livro?* — já a Companhia das Letras tinha publicado *In nomine Dei*, que é o último texto teatral que escrevi. Existem evidentes diferenças de estilo entre o teatro e o romance. Digamos que o romance é mais "coloquial", como se estivesse escrito para ser pensado em voz alta. O teatro adota uma construção frásica mais "convencional", o que se explica pelo facto de se tratar de um texto que só passará a ter "substância" real com a intervenção do ator: ele porá nas palavras que tiver que dizer a "coloquialidade" que deliberadamente está ausente do texto. Quanto às "leituras políticas", podem fazer-se de qualquer dos meus livros. Se se notam mais facilmente no teatro, é porque o teatro sempre foi mais "didático" que o romance.

Qual é o entrecho de sua quarta peça, In nomine Dei? *Este é o seu mais recente texto teatral? Como anda sua produção no terreno da dramaturgia?*

Sou, como já referi por outras palavras, um dramaturgo ocasional. Agora mesmo não tenho qualquer projeto de escrita teatral.

Sua dramaturgia é muito montada pelas companhias portuguesas de teatro? O senhor é capaz de apontar encenações que mereçam destaque? Algum destes trabalhos contou com a colaboração do senhor?

Com exceção de *In nomine Dei*, todas as minhas peças foram representadas em Portugal (*A noite* também em Espanha), mas depois da sua apresentação ao público não voltaram a ser levadas à cena. Não é surpreendente. Em Portugal não há companhias de repertório.

No Brasil, alguns eventos promoveram a leitura de excertos de alguns dos seus romances. Aconteceu com O Evangelho segundo Jesus Cristo *e* Ensaio sobre a cegueira. *O senhor identifica o potencial dramático destes títulos?*

Pelo menos depois de os ter ouvido pela boca de algumas das maiores atrizes brasileiras, com Fernanda Montenegro à cabeça...

A muitos críticos soa paradoxal o facto de um autor declarado ateu se debruçar tantas vezes sobre os problemas da religião. Ao contrário, seu ceticismo não lhe concede isenção? Que tipo de inquietação faz o Evangelho ser tão recorrente em sua obra?

Esses críticos são pessoas distraídas. As religiões não existem só para os crentes, existem também para aqueles que, não o sendo, como é o meu caso, vivem no mundo que foi "feito" (também) por elas. Queira ou não queira, sou produto do cristianismo, portanto tenho o direito de escrever sobre aquilo que fez de mim quem sou. Também sou outras coisas, claro está, mas a base formativa (embora eu não tivesse tido educação religiosa) é essa.

Quando da publicação de O Evangelho segundo Jesus Cristo, *o senhor foi "satanizado" pela Igreja católica. A reação à* Segunda vida de Francisco de Assis *teve repercussão semelhante?*
    Nada disso. *A segunda vida de Francisco de Assis* passou sem que os poderes da Igreja tivessem dado por ela. E se deram não lhes importou.

17 *de agosto*

A carta de um leitor, Michel Bouque, residente na Guiana Francesa, que quer saber qual foi o meu objetivo ao escrever *O Evangelho segundo Jesus Cristo*...

18 *de agosto*

Finalmente, respondi à carta de Miguel Real. Assim:
    "A sua carta de 26 de maio e o que acompanhava (falarei disso adiante) apanharam-me numa curva do caminho e portanto em risco de derrapagem. Por motivos de trabalho, nada mais. Ou nada menos. As mil andanças que me comeram o tempo no ano passado, sem esquecer o labirinto de *Todos os nomes* em que quase me perdi, tiveram como efeito atrasar-se o diário a um ponto tal que até este julho não fiz outra coisa que empurrá-lo,

salvo consentir (era inevitável) que me metessem em andanças novas. O escritório converteu-se-me em outra Conservatória, com montes de papéis esperando (im)pacientemente que o sr. José desse por resolvida a quebradeira de cabeça que lhe tinha caído em cima. No que à sua carta se refere, dizer-lhe que não valia a pena responder-lhe no caso de haver recebido a última versão do *Memorial*, só serviu para complicar a situação. Por isso este silêncio de três meses, de onde saio, enfim, para pedir desculpa, confirmar que a versão chegada é muito melhor e informar que também não tive novas nem mandadas da Companhia de Teatro de Sintra. E para falar um pouco do que antes disse que diria depois.

"Não tornei a ler *Terra do pecado*, nem mesmo para a reedição de agora. A leitura da análise causou-me uma impressão mista de estranheza e de reconhecimento que ainda não consegui assimilar completamente. Não pensei que não parecia *meu*, o que pensei foi que o romance era agora mais meu do que o havia sido quando o fiz. E outra coisa pensei: 'Eu não *podia* ter escrito este livro, e contudo ele existe'. O que logo me levou ao passo seguinte: 'Eu *não podia* ter escrito tudo quanto escrevi depois, e, contudo, esses livros existem'. Não imagine que estou a ginasticar uma modéstia tantas vezes posta em dúvida, estou só a expressar o assombro de quem tem clara consciência de que não nasceu *para isto*...

"Meandros psicológicos à parte, se o são estes, o que tenho a dizer do seu estudo é ele ser a primeira abordagem a sério feita até agora de um romance que não mereceria tantas atenções, a não ser, talvez, para mostrar que existe um *fil rouge* a unir o homem idoso que hoje sou ao moço mal saído da adolescência que era então. Chamar-lhe coerência significaria pouco ou significaria demasiado: melhor será usar palavras comuns e dizer que se trata simplesmente de um *modo de ser*, de um *feitio*, modo de ser e feitio que, se calhar, ou com certeza, já poderiam identificar-se na criança e no pré-adolescente que fui. Não sou o que se chama um *caso interessante*, sou um *caso vulgar* que as circunstâncias, com certo interesse, se dedicaram a adornar...

"Lembro-me mal do 'Heroísmo quotidiano', e nem sei se ainda tenho por aí o número da *Vértice* em que saiu publicado, ou se se perdeu nas mudanças da vida. Terei portanto de apreciá-lo pelos seus olhos e com isso levo outra surpresa: não sabia eu que quatro anos depois de um romance linearmente contado já se me tinha tornado tão problemático o narrador, mas você explica tudo tintim por tintim, e eu tenho de aceitar a evidência de que pertenço à família daquele Jourdan que andava a fazer prosa há quarenta anos sem dar por isso. É motivo para dizer que o caso estava a tornar-se mais interessante...

"Que hei de dizer de *Os poemas possíveis*? Não do livro, mas da análise que faz deles. Que aprendi de mim mesmo mil coisas que não sabia, que, ao contrário do que pensava, por pudor de quem não tem dúvidas sobre a sua pequenez como poeta, o livro vale a pena, um pouco por si mesmo, mas sobretudo porque, mostrando a continuidade do tal *fil rouge*, procede, sem se dar conta disso, à exposição formal e conceptual (vá lá o palavrão) das questões com que o autor começará a enfrentar-se dez anos depois, a partir do *Manual de pintura e caligrafia*.

Algumas vezes tenho dito que não sou romancista, que sou um ensaísta falhado que escreve romances porque não sabe escrever ensaios. Ora, ao lê-lo, surpreendi-me em mais de uma ocasião a pensar de mim mesmo: 'O que tu devias ter sido era filósofo'. A culpa de me atrever a conceber uma tal enormidade é toda sua...

"Terminando. A literatura portuguesa andava a precisar de um romance 'cruel'. Vergílio Ferreira poderia tê-lo escrito, mas sempre esteve demasiado preocupado com a sua própria pessoa. Tive de ser eu a escrever o *Ensaio sobre a cegueira*. Quanto a *Todos os nomes*, não tenho a sua opinião. Não é um livro triste, é um livro que olha a direito o absurdo da existência (é certo que não é Kafka quem quer...) e a solidão do ser humano que procura no amor (na solidão do outro) o remédio para ela. Blimunda e Baltasar não precisaram de procurar, foi o amor que os encontrou, mas a vida está cheia de pessoas que buscam desesperadamente (ou, pior ainda, sem saberem que estão desesperadas) e não encontram. Para dizer estas coisas elementares precisava-se talvez de uma pessoa como eu, que precisamente tinha andado à procura do amor e a quem o amor acabou por encontrar quando já a esperança estava perdida."

20 de agosto

As provas dos "*poèmes possibles*"...
    Embaixada em Lima. Ida à Colômbia.

Os programas de auxílio.
Morte de António Assunção. Diogo do Couto, Valadares...

23 de agosto

Exatamente dentro de uma semana partirei para Buenos Aires e Montevideu, onde, além das entrevistas de sempre, apresentarei *Todos os nomes*. Entretanto, estão a chegar da capital argentina notícias de todo inesperadas: las Madres de Plaza de Mayo pedem-me que grave um poema para um vídeo de homenagem aos vinte anos da sua luta; sou convidado a dar no Museu Fernández Blanco o que chamam uma "clase pública" sobre direitos humanos, assinalando o cinquentenário da respetiva Declaração; e, mais surpreendente que o resto, a intenção que há por lá de me declararem Visitante Ilustre da Cidade de Buenos Aires... Caio de assombro em assombro, de pasmo em pasmo: enquanto Mafra me nega o simples obrigado da gente bem-nascida, Lanzarote proclama-me seu filho adotivo e Buenos Aires chama-me ilustre... O mundo está de pernas para o ar: o que deveria ser não é, e o que é não perguntou se tinha de ser.

29 de agosto

Morte de Wanda Ramos.

30 de agosto

A um questionário do jornal italiano *Liberazione* dei as respostas que seguem. As perguntas eram boas, as respostas esforçaram-se por estar à altura:

Com exceção do protagonista, nenhum dos personagens do seu romance Todos os nomes *tem nome. Porquê? Há alguma intenção autobiográfica no facto de esse personagem ter o nome do autor do livro?*

    A vida do sr. José, funcionário duma Conservatória do Registo Civil, nada tem que ver com a minha. Nunca vivi só, estou casado pela terceira vez, tenho uma filha e dois netos. Também não assaltei escolas nem falsifiquei documentos. O facto de o sr. José ter esse nome resulta do facto de eu ter querido dar-lhe um nome banal que estivesse de acordo com a insignificância da personagem e não ter encontrado nome mais banal que o meu próprio... Não é este o primeiro romance em que as personagens não têm nome. Já em *Ensaio sobre a cegueira* isso sucedia. Nesse caso foi a excecionalidade da situação criada — uma cidade de cegos, um mundo de cegos — que me fez compreender como são frágeis os nomes que usamos, como facilmente deixam de ter significado quando o indivíduo se dissolve no grupo, no bando, na multidão. Nos campos de concentração não se tatuavam nomes, mas números, e as sociedades em que hoje vivemos parecem mais interessadas em conhecer o número do nosso cartão de crédito do que em saber como nos chamamos. O caso de *Todos os nomes* é outro. Pessoas diferentes têm o mesmo nome, dizer o nome não é suficiente para "dizer" a pessoa. O sr. José sabe como se chama a mulher desconhecida, mas isso é o mesmo que nada saber.

A maneira indireta que o sr. José tem de procurar informações quer dizer que o único significado das coisas está em procurá-las?
    Não afirmo que procurar uma coisa seja o "único" significado que ela tem, mas, tratando-se do "outro", o caminho que nos deveria levar a ele não tem ponto de chegada. Iremos aproximando-nos cada vez mais, mas nunca poderemos dizer: "Conheço-te". O sr. José tem consciência dessa impossibilidade (uma consciência difusa, mas que está presente em todos os seus atos), por isso semeia de obstáculos o seu próprio caminho. Vencer esses obstáculos é mais importante para ele que encontrar o objeto da busca.

Trata-se da única possibilidade de "saída" de uma existência sem meta, sem objetivos?
    Ponhamo-nos no lugar do sr. José, ou talvez nem seja preciso tanto. Na vida de cada um de nós houve pelo menos um momento em que tivemos de "inventar" uma razão para mudar a vida, uma razão maior que nós, uma razão capaz de nos transportar aonde não nos levaria a rotina do quotidiano. O que o sr. José fez foi "inventar" uma ilha desconhecida e lançar-se ao mar à procura de si mesmo, que é o que realmente fazemos quando procuramos o "outro"...

Que esconde a geométrica ordem hierárquica da Conservatória do Registo Civil?

A ordem hierárquica dos funcionários da Conservatória pode ser entendida como a ordem de uma história em que todos os factos, datas e nomes tivessem os seus lugares marcados e fixados de uma vez para sempre. O sr. José irá perturbar essa fixidez, primeiro procurando alguém a quem não deveria procurar e sem para tal estar autorizado, depois, pouco a pouco, fazendo desaparecer a linha que separa a morte da vida, ou a vida da morte, conforme se prefira. O sr. José, se se me permite a ousadia, é uma espécie de Orfeu...

Algo aproxima o chefe da Conservatória e o sr. José. O que é?

Da coleção de notícias do chefe da Conservatória não chegamos a saber nada. Apenas que ele tem conhecimento de tudo o que se vai passando. Aproxima-o do sr. José precisamente o carácter "subversivo" das ações deste, e essa aproximação torna-se em cumplicidade quando o chefe compreender que a humanidade autêntica é o conjunto dos mortos e dos vivos, confundidos uns com os outros no ontem e no hoje, inseparáveis no agora e no sempre.

A Conservatória e o Cemitério são muito parecidos, têm muitas coisas em comum. Que pretendeu exprimir com essa semelhança?

Na Conservatória guardam-se os papéis da vida e da morte de todos os seres humanos nascidos, no Cemitério encontram-se os restos daqueles que, não pertencendo já à vida, pertencem invisivelmente à história. Assim, Cemitério e Conservatória são complementares, nenhum deles poderia existir sem o outro. No fundo, são uma coisa só.

No seu livro há uma presença constante sobre a relação entre vida e morte, presença e esquecimento, ação e nada. Quer comentar?
Muito do que disse antes já responde a essa questão. Penso que cometemos um erro grave quando esquecemos os nossos mortos, crendo que essa é uma maneira de negar a morte. Também tentamos negar a velhice quando retiramos os velhos da vida afetiva e social. Nesse momento começamos a esquecê-los. Como está escrito em *Todos os nomes*, só o esquecimento é morte definitiva. Aquilo que não foi esquecido continua vivo e presente.

Disse que a metáfora é a melhor forma de explicar as coisas. Acha que é esse o dever e o fim da literatura?
Essa afirmação é feita por uma das personagens do romance, não por mim... Mas é verdade que a metáfora nos aparece como uma iluminação diferente das coisas, como uma luz rasante que iluminasse o relevo de uma pintura. A metáfora é um pressentimento do saber total. Quanto ao dever e ao fim da literatura, recordemos que os seus fins e os seus deveres foram diversos e nem sempre concordantes ao longo do tempo. Como não foram e muitas vezes foram opostos os deveres e os fins das sociedades humanas, de que a literatura é, ao mesmo tempo, refletor e reflexo.

Os seus livros oferecem uma visão da inquietação contemporânea. Que é o que mais teme neste final de milénio?

O fim do milénio é um mero acidente de calendário. O que está a acabar, de facto, é uma civilização. Paul Valéry não imaginava a que ponto tinha razão quando escreveu: "Nós, civilizações, sabemos agora que somos mortais". Já antes o deveríamos ter sabido se fôssemos capazes de aprender com o passado. O tipo humano que começou a definir-se na época do Iluminismo está a extinguir-se. Não sei o que virá depois dele. Penso, contudo, que não haveria lugar para mim nos tempos que se aproximam.

Crise das ideologias, neoliberalismo, novas pobrezas. O que é que ainda existe da "esquerda"? Qual pode ser o "fio de Ariadne"?
A pergunta não deveria ser "o que é que ainda existe da esquerda?", mas sim "o que foi que abandonámos da esquerda?". Nesse caso, direi que muitos (muitíssimos) abandonaram o que chamo um "estado de espírito de esquerda" para passar-se, fosse por ambição, oportunismo, ou cobardia moral, ao outro lado, mesmo quando fingem contestá-lo. Contra todas as aparências, a questão central do nosso tempo não é tanto a globalização da economia, mas a perda de um sentido ético da existência. Espero que a esquerda (a que ainda resta) o compreenda a tempo...

Qual é a sua opinião sobre a Europa pós-Maastricht?
A mesma Europa que gastou séculos e séculos para conseguir formar cidadãos, só precisou de vinte anos para transformá-los em clientes. Sócrates tornaria a pedir o vaso de cicuta...

Que fica hoje da cultura europeia?
A cultura "europeia" não existe como tal. E se alguma vez vier a existir, temo que não seja "europeia" no sentido de uma síntese mais ou menos lograda das suas diversas culturas nacionais, mas sim o resultado do predomínio de uma dessas culturas sobre as outras. A globalização, seja ela mundial, ou apenas europeia, é um totalitarismo.

31 de agosto

Resposta a uma leitora, Cristina Peres:
"Obrigado pela carta, pelos comentários que faz ao *Ensaio*, pela simplicidade com que fala dos sentimentos que o livro lhe suscitou. Uma professora de filosofia como parece ser (refiro-me à pessoa) é uma sorte para os alunos. Imagino que no seu ensino a filosofia sai dos livros para tornar-se substância de vida e sangue do pensar. Ainda há gente assim, portanto nem tudo está perdido.
"Alguns leitores disseram-me ter sentido a presença do mal durante a leitura desse livro. Não creio que um simples romance possa chegar a tanto. E é perigoso falar do mal como algo exterior que tivesse sido posto no mundo com a missão única de nos atormentar para ver o que valemos, se lhe resistimos ou se nos deixamos levar por ele. Em meu entender, mal, bem, Deus, Diabo, todas essas supostas potências benignas e malignas que têm povoado a imaginação dos povos como presenças efetivas, só na nossa cabeça é que habitam,

não têm realidade fora dela, ou só a têm como consequência dos nossos atos, isto é, são os nossos atos que põem no mundo a maldade, e às vezes (valha-nos isso) a bondade.

"Se a mulher do médico não cega é porque é capaz de compaixão, é porque os seus olhos são necessários para que o horror seja *visto*. Ela mesma diz: 'Eu sou a que nasceu para ver o horror'. É uma Antígona que, tal como a outra, não tinha nascido para a luta, mas que vai ter de lutar porque não há outra pessoa para o fazer...

"A morte, permita-me que a contradiga, não é nem ilógica, nem absurda, nem incompreensível. O que é realmente incompreensível, ilógico e absurdo é a vida. Morremos porque somos, mas não sabemos para que somos. E não creio que devamos pensar a morte para *valorizar* a vida, como uma espécie de negócio. Devemos pensar a morte *porque sim*, simplesmente porque está aí, porque não pode ser iludida."

De 1 a 9 de setembro

Buenos Aires e Montevideu.

12 de setembro

Mântua. Festivaletteratura. Encontro com Elicantropo.

13 de setembro

Mântua. Colóquio.

15 de setembro

Santander. Universidade Internacional Menéndez Pelayo.

17 de setembro

A carta de Pablo Luis Ávila de 2 deste mês:
 "Quero dizer-te novamente, mas desta vez por escrito, que gostei muitíssimo da tua 'premissa' à minha edição espanhola dos *Sonetos* de Aretino; que o amigo Tony Bernat, novo diretor da coleção em que sairá o livro, com o número 1 (a coleção chama-se Medio Maravedí), se sente feliz e sumamente honrado pela valiosa colaboração e que parece que o livro vai sair entre finais de setembro e princípios de outubro.
 "Muito bela e sugestiva a tua ideia de partir de uma leitura antropológica do retrato de Pietro Aretino pintado por Tiziano, para depois entrar — com a cautela que o tema requer e, simultaneamente, com a clara determinação que te contradistingue — na distinção entre o que é, ou o que se considera, erótico e o que é, ou o que se considera, pornográfico.
 "Concordo contigo que, analisados de qualquer ponto de vista ou lidos ou considerados em qualquer momento da

história da literatura, os textos aretenianos (os sonetos) são, ao contrário das ilustrações eróticas de Marcantoni Raimondi, pornográficos. Isto não invalida, na minha opinião, o interesse do poemário no campo literário e, atrever-me-ia mesmo a dizer, sociológico; de tão peculiar, a linguagem carnavalesca, metafórica e burlesca que o caracteriza pode ser rastreada em muitas obras de ilustres poetas, personalidades da corte e príncipes italianos, que viveram entre os séculos xv e xvii. É algo parecido com o que ocorre em algumas obras espanholas medievais, por exemplo, as incluídas no *Cancioneiro geral*, frequentemente anónimas, nas quais a voz popular se manifesta através da sátira e do protesto, pondo a descoberto os vícios e as prepotências de uma nobreza dona dos seus corpos e das suas almas. Por vezes, o carácter lúdico sobrepõe-se à crítica social, como acontece em *Carajicomedia*, *Coplas de provincial*, *Coplas de Milgo Revulgo* etc.

"Tal como oportunamente te contei, o meu encontro com Aretino, e particularmente com os seus sonetos *desacrantes*, foi totalmente casual. Há alguns anos — 1993 ou 1994 —, passando por Madrid, vi num quiosque do aeroporto uma edição dos *Sonetos* traduzidos por L. A. de Villena e publicados pela Visor. Durante o voo Madrid-Torino folheei o livrinho. Apercebi-me, logo aos primeiros versos, de que a tradução deixava muito a desejar. Dos sonetos, apenas restava o pior da linguagem aretiniana: o estritamente pornográfico, agravado pela caprichosa escolha de eufemismos picantes; e como se isso não bastasse, o tradutor não considerou necessário esforçar-se para respeitar os hendecassílabos;

e, enfim, uma absoluta falta de atenção à linguagem metafórica, perdendo-se a sátira e as diatribes dirigidas aos novos poetas da corte.

"E foi assim que, para meu castigo e, mais tarde, para minha satisfação (se esquecer as desventuras com que me fez deparar o bendito Mario Muchnik), me propus fazer uma edição séria dos sonetos. A princípio, foi um desastre: a ideia de que tinha de espremer o sumo a poesias com tão parco tom poético e de cumprir a minha viagem de tradutor, remando com um tom e com uma linguagem tão — pensei eu — gratuitamente pornográficos, cercearam o pouco entusiasmo inicial. Passado um tempo (concretamente um ano e nove redações de tradução depois) e com grande fadiga, procurando no meu desânimo o mais pequeno alento imprescindível para concluir o trabalho, tropecei num interessante estudo de Jean Toscan sobre a linguagem carnavalesca dos poetas italianos dos séculos XV e XVII e um novo mundo do Aretino poeta se me abriu: foi o que me permitiu tecer o meu fio de Ariadne, para me orientar na leitura e para a tradução correta dos sonetos: a minha segunda aventura italianista improvisada (a primeira fora com as poesias de Sandro Penna, publicadas pela Visor) podia agora ser adequadamente acabada.

"Li com supremo interesse os teus *Cadernos de Lanzarote*, saboreando-os dia a dia, linha a linha. São, tal como os diários anteriores — mas, desta vez, se é possível, ainda mais densos e mais ponderados —, uma riquíssima fonte de informação para qualquer leitor e estudioso da literatura europeia atual e, em muitas passagens, uma lição de vida e ponto de referência para aqueles que, desorientados e desiludidos, tentam compreender minimamente este mundo destinado a uma ruinosa globalização que oferece as riquezas do mundo a um número reduzidíssimo e privilegiado de homens, deixa a imensa maioria na mais completa indigência, incita e nutre as guerras e a morte, e, como se isto não bastasse, nos tira os alimentos da alma e a esperança de um mundo um pouco melhor."

18 de setembro

Notícia do *El País* sobre a distribuição da riqueza no mundo. Jornal do dia 10.

22 de setembro (e 23)

Cáceres. 1 Congresso Ibero-Americano de Filosofia. A minha intervenção...

23 de setembro

Vinte e cinco anos depois da morte de Pablo Neruda. *El País. El Mundo.*

24 de setembro

Amesterdão. Entrevistas. Lançamento do *Ensaio*.

25 de setembro

Colóquio. Harrie Lemmens.

26 de setembro

Antuérpia. Colóquio. Harrie Lemmens. O garoto a quem rebentou o balão. Recordação... O meu balão esvaziado e arrastado atrás de mim. O riso das pessoas. Tinha seis anos.

27 de setembro

Salman Rushdie. *El Mundo*.

28 de setembro

Os problemas do computador.

29 de setembro

O artigo de Helmut Schmidt referido no *Avante!*

30 de setembro

A carta de Carmen Mascaró Andrade-Neves:
    "Sou 'neta materna' de Adelaide Xavier Pinheiro d'Andrade Neves, irmã de Magdalena Xavier Pinheiro, avó do Fernando. Na página 106 do livro de Maria José de Lancastre, *Fernando Pessoa, uma fotobiografia*, há uma fotografia em que aparece a minha avó Adelaide e que diz ser mãe do dr. Jayme Neves. Esta senhora tinha também uma filha, a minha mãe: Laurinda das Mercês Xavier Pinheiro d'Andrade Neves de Mascaró, por ter casado com Aniceto Mascaró y Domenach, filho do dr. Aniceto Mascaró y Cos, fundador da clínica da rua do Alecrim. O meu pai tinha a nacionalidade espanhola, embora nascido em Lisboa, por ter sido inscrito ao nascer no consulado de Espanha naquela cidade. Por sua vez meu pai fez o mesmo comigo, meus irmãos e irmã. Esta é a razão de usarmos o apelido do pai antes do da mãe e termos a nacionalidade deste país. Foi talvez isto o motivo da confusão e da sua dúvida. Garanto-lhe que o Fernando, assim como minha mãe, era de pura raça lusa. De mim não posso dizer o mesmo; sou de raça 'atravessada', mas muito orgulhosa de o ser. Meu pai tinha uma irmã, Vera Mascaró y Domenach, casada com o pintor português David de Mello."

1 de outubro

Revista *A Lista de Schindler*. Como se comportam hoje os judeus com os palestinos? Quase como nazis...

2 de outubro

Cartas de Antonio Bechara (Buenos Aires), Fernando Manuel Gonçalves de Gouveia (Vila Real) e María Cristina Fulco Fernández (Montevideu).

3 de outubro

Enviei hoje à *Visão* este artigo. Tem o título de "Alegra-te, esquerda":
"Motivos não te faltam. Por causa da asfixiante maré-cheia dos neoliberalismos, circulavas por aí de alma confusa, a puxar ao centro e a esconder bandeiras, perdida de rumo e emurchecida de convicções, sem nenhuma ideia coerente de como deverias comportar-te perante a evidência de que o motor mandarim da querida Europa andava a ser lubrificado e governado desde há dezasseis anos por cabeças alemãs conservadoras, limitando-te tu a assinar, de vez em quando, na linha de pontos que te indicavam. Já podes levantar as mãos ao céu e agradecer a santo António dos Esquecidos, esse tempo acabou. As cabeças alemãs conservadoras acabam de ser substituídas por cabeças social-democratas alemãs.

Estás, portanto, com a tua gente. E não só isso: descobriste de repente que, salvo as aborrecidas exceções da Espanha e da Irlanda, toda a Europa política de hoje pode arvorar as cores e os símbolos mais caros ao teu sensível coração, tirando, claro está, aquelas duas ferramentas de escasso uso na tecnologia atual que são o martelo e a foice. E como as graças, tal como as desgraças, nunca vêm sós, tens do outro lado do Atlântico, nos Estados Unidos da América do Norte, o melhor guia, mentor e exemplo de limpeza moral que poderias sonhar, um homem que, apesar de tão habilidoso nos conceitos de impróprio e de inadequado, não duvidou em mandar bombardear uma fábrica de produtos farmacêuticos em África, alegando, sem a mais mínima prova, que estavam a ser produzidas ali armas químicas que poderiam vir a ser utilizadas contra cidadãos ou instalações norte-americanas. Temo o pior: se passa pela cabeça do sr. William Jefferson Clinton que um turista do Texas ou do Alabama poderá alguma vez ser mordido por um cão de Lanzarote, não dou nada pela vida do Pepe, da Greta e do Camões…

"O acosso político e mediático ao presidente dos Estados Unidos da América do Norte, consequência dos seus entretenimentos eróticos e da sua irremediável dificuldade em distinguir entre verdade e mentira, se é certo que divertiu metade do mundo, chegou a tal ponto que acabou por pôr em movimento a indignação da outra metade. A mim pareceu-me bem. No entanto, ter-me-ia parecido melhor que as duas metades se tivessem posto de acordo para exigir contas pela morte dos sudaneses vítimas inocentes do alarde guerreiro do sr. Clinton. Esqueceram-se de o fazer, talvez por considerarem que uns quantos pretos a mais ou a menos não fazem diferença ao mundo… O homem mais poderoso desse mundo está, por definição e princípio, acima dessas questões. O preto não tem de preocupar-se com miudezas…

"Afastei-me do tema? Pelo contrário, entrei nele em cheio. A primeira pergunta que tenho para fazer à esquerda, em particular àquela que tem responsabilidades de governo, é a seguinte: crê que está a respeitar efetivamente as suas obrigações, tanto programáticas como político-ideológicas, participando à boca calada nos contubérnios em que se prepara o Acordo Multilateral sobre o Investimento, o já célebre AMI? Mais: percebe a esquerda, não digo intelectualmente e no imediato, mas nas consequências futuras, o que se joga em tais negociações? Aceita que os países de governo socialista ou social-democrata integrados na OCDE, e em cujo seio a conspiração se prepara, façam uma vez mais tábua rasa das suas promessas eleitorais e dos seus programas, já mil vezes incumpridos? Tem informação a esquerda do carácter extraterritorial da Lei Helms-Burton, que vem servindo aos EUAN para impunemente asfixiar a economia de Cuba? Sabe a esquerda que o governo do sr. Clinton pretende introduzir no projeto em debate aspetos essenciais daquela lei, violando disposições básicas da Organização Mundial do Comércio, a letra e o espírito da Carta das Nações Unidas e a soberania dos Estados? Pensa a esquerda que as suas ideias (se ainda tem as mesmas…) de socialismo ou de social-democracia são compatíveis com a liberdade total de manobra das multinacionais e dos mercados financeiros, reduzindo o Estado a meras funções de administração corrente e os cidadãos a consumidores e clientes, tanto mais dignos de atenção quanto mais consumirem e quanto mais docilmente se comportarem? Não tenho esperança de que alguém responda a estas perguntas, mas cumpro o meu dever fazendo-as.

"Alegra-te, esquerda, amanhã chorarás..."

5 de outubro

Para Alexandra Lucas Coelho, do *Público*.
"Que significa hoje ser escritor comunista? À margem das distinções mais ou menos subtis que poderíamos fazer entre ser-se um escritor comunista e um comunista escritor (não é certamente o mesmo, por exemplo, ser-se jornalista comunista e comunista jornalista...), creio que a pergunta não vai dirigida ao alvo que mais importa. Pelo menos em minha opinião. Tiremos o escritor e perguntemos simplesmente: que significa hoje ser comunista? Desmoronou-se a União Soviética, foram arrastadas na queda as denominadas democracias populares, a China histórica mudou menos do que se julga, a Coreia do Norte é uma farsa trágica, as mãos dos Estados Unidos continuam a apertar o pescoço de Cuba... Ainda é possível, nesta situação, ser-se comunista? Penso que sim. Com a condição, reconheço que nada materialista, de que não se perca o estado de espírito. Ser-se comunista ou ser-se socialista é, além de tudo o mais, e tanto como ou ainda mais importante que o resto, um estado de espírito. Neste sentido, foi Yeltsin alguma vez comunista? Foi-o alguma vez Estaline? A epígrafe que pus em *Objeto quase*, tirada

de *A sagrada família*, contém e explica de modo claro e definitivo o que estou a tentar exprimir. Dizem Marx e Engels: 'Se o homem é formado pelas circunstâncias, é necessário formar as circunstâncias humanamente'. Está aqui tudo. Só um 'estado de espírito comunista' pode ter sempre presentes, como regra de pensamento e de conduta, estas palavras. Em todas as circunstâncias."

7 *de outubro*

Frankfurt. Colóquio na feira sobre comunismo.

8 *de outubro*

Aeroporto de Frankfurt. Prémio Nobel. A hospedeira. Teresa Cruz. Entrevistas.

9 *de outubro*

Madrid. Conferência de imprensa.

10 *de outubro*

Lanzarote.

12 de outubro

Chegada a Lisboa.

13 de outubro

Terreiro do Paço. CGTP. Centro Cultural de Belém.

16 de outubro

Porto, Encontro de Literaturas Ibero-Americanas.

17 de outubro

Matosinhos. Fidel Castro.

20 de outubro

José Manuel Mendes, Varina. Setúbal.

21 de outubro

Faculdade de Ciências, Departamento de Geologia. Bertrand.

22 de outubro

Oeiras. Entrevista *A Bola*.

23 de outubro

Almada.

24 de outubro

Caldas da Rainha. Câmara Municipal. Medalha de ouro.

25 de outubro

Ericeira. Festa popular.

26 de outubro

Entrevista com Baptista-Bastos. sic. Coimbra. Medalha de ouro. Morte de José Cardoso Pires.

27 de outubro

Madrid. Casa de América. José Luis Sampedro.

28 de outubro

Lavre. Montemor. Évora. Medalha de ouro. Oferta do capote.

29 de outubro

Para o disco de Tania Libertad:
"Não é verdade que o mundo esteja todo descoberto. O mundo não é só a geografia com os seus vales e montanhas, os seus rios e os seus lagos, as suas planícies, os grandes mares, as cidades e as ruas, os desertos que veem passar o tempo, o tempo que nos vê passar a todos. O mundo é também as vozes humanas, esse milagre da palavra que se repete todos os dias, como uma coroa de sons viajando no espaço. Muitas dessas vozes cantam, algumas cantam verdadeiramente. A primeira vez que ouvi Tania Libertad tive a revelação das alturas de emoção a que pode levar-nos uma voz nua, só diante do mundo, sem qualquer instrumento a acompanhá-la. Tania cantava *a capella* 'La paloma' de Rafael Alberti, e cada nota afagava uma corda da minha sensibilidade até ao deslumbramento.

"Agora Tania Libertad vem cantar Mario Benedetti, esse

grande poeta em quem assentaria esplendidamente o nome de Mario Libertad...

"São duas vozes humanas, humanas profundamente, que a música da poesia e a poesia da música reuniram. As palavras dele, a voz dela. Ouvindo-as ficamos mais perto do mundo, mais perto da liberdade, mais perto de nós próprios..."

Instituto Goethe. Günter Grass.

30 de outubro

Madrid. Apresentação do livro de Gabriel Albiac.

5 de novembro

Paris. Gulbenkian. *Deux romans, plus un.*

6 de novembro

Paris. Sorbonne.

14 de novembro

Lanzarote. Entrevista Anders Lange, *Morgenavisen*.

15 de novembro

NDR. Jürgen Deppe e Claudia Wuttke.

18 de novembro

Cecilia Huldt, Rádio Nacional Sueca.

21 de novembro

Barry Hetton, Associated Press.
Alan Riding, *The New York Times*.

25 de novembro

Carl Otto Werkelid, *Svenska Dagbladet*.

26 de novembro

Natan Sacher, *Dagens Nyheter*.

27 de novembro

Paris Match. *El Mundo*.

28 de novembro

Paris Match.

29 de novembro

El Semanal.

1 de dezembro

La Jornada. El Tiempo, Bogotá.

5 de dezembro

Chegada a Estocolmo. Conferência de imprensa no aeroporto. Encontro com Amadeu Batel. Neve.

6 de dezembro

Neve. Ida à Cidade Velha com uma televisão sueca. As casas de escritores, onde parece que só um vive agora. O episódio do homem que varria a neve. A saudação repetida. Almoço em casa de Monica Scheer com tradutores: Hans Berggren, Marianne Eyre, Sarita Brandt...

7 de dezembro

Sete entrevistas no hotel...

Escrito ao largo do mês passado, deixo aqui o discurso lido nesta data à Academia Sueca. Título: "De como a personagem foi mestre e o autor seu aprendiz".

"O homem mais sábio que conheci em toda a minha vida não sabia ler nem escrever. Às quatro da madrugada, quando a promessa de um novo dia ainda vinha em terras de França, levantava-se da enxerga e saía para o campo, levando ao pasto a meia dúzia de porcas de cuja fertilidade se alimentavam ele e a mulher. Viviam desta escassez os meus avós maternos, da pequena criação de porcos que, depois do desmame, eram vendidos aos vizinhos da aldeia, Azinhaga de seu nome, na província do Ribatejo. Chamavam-se Jerónimo Melrinho e Josefa Caixinha esses avós, e eram analfabetos um e outro. No inverno, quando o frio da noite apertava ao ponto de a água dos cântaros gelar dentro da casa, iam buscar às pocilgas os bácoros mais débeis e levavam-nos para a sua cama. Debaixo das mantas grosseiras, o calor dos humanos livrava os animaizinhos do enregelamento e salvava-os de uma morte certa. Ainda que fossem gente de bom carácter, não era por primores de alma compassiva que os dois velhos assim procediam: o que os preocupava, sem sentimentalismos nem retóricas, era proteger o seu ganha-pão, com a naturalidade de quem, para manter a vida, não aprendeu a pensar mais do que o indispensável. Ajudei muitas vezes este meu avô Jerónimo nas suas andanças de pastor, cavei muitas vezes a terra do quintal anexo à casa e cortei lenha para o lume, muitas vezes, dando voltas e voltas à grande roda de ferro que acionava a bomba, fiz subir a água do poço comunitário e a transportei ao ombro, muitas vezes, às escondidas dos guardas das searas, fui com a minha avó, também pela madrugada, munidos de ancinho, panal e corda, a recolher nos restolhos a palha solta que depois haveria de servir para a cama do gado. E algumas vezes, em noites quentes de verão, depois da ceia, meu avô me disse: 'José, hoje vamos dormir os dois debaixo da figueira'. Havia outras duas figueiras, mas aquela, certamente por ser a maior, por ser a mais antiga, por ser a de sempre, era, para todas as pessoas de casa, a figueira. Mais ou menos por antonomásia, palavra erudita que só muitos anos depois viria a conhecer e a saber o que significava... No meio da paz noturna, entre os ramos altos da árvore, uma estrela aparecia-me, e depois, lentamente, escondia-se por trás de uma folha, e, olhando eu noutra direção, tal como um rio correndo em silêncio pelo céu côncavo, surgia a claridade opalescente da Via Láctea, o Caminho de Santiago, como ainda lhe chamávamos na aldeia. Enquanto o sono não chegava, a noite povoava-se com as histórias e os casos que o meu avô ia contando: lendas, aparições, assombros, episódios singulares, mortes antigas, zaragatas de pau e pedra, palavras de antepassados, um incansável rumor de memórias que me mantinha desperto, ao mesmo tempo que suavemente me acalentava. Nunca pude saber se ele se calava quando se apercebia de que eu tinha adormecido, ou se continuava a falar para não deixar em meio a resposta à pergunta que invariavelmente lhe fazia nas pausas mais demoradas que ele calculadamente metia no relato: 'E depois?'. Talvez repetisse as histórias para si próprio, quer fosse para não as esquecer quer fosse para as enriquecer com peripécias novas. Naquela idade minha e naquele tempo de nós todos, nem será preciso dizer que eu imaginava que o meu avô Jerónimo era senhor de toda a ciência do mundo. Quando, à primeira luz da manhã, o canto dos pássaros me despertava, ele já não estava ali, tinha saído para o campo com os seus animais, deixando-me a dormir. Então levantava-me, dobrava a manta e, descalço (na aldeia andei sempre descalço até aos catorze anos), ainda com palhas agarradas ao cabelo, passava da parte cultivada do quintal para a outra onde se encontravam as pocilgas, ao lado da casa. Minha avó, já a pé antes do meu avô, punha-me na frente uma grande tigela de café com pedaços de pão e perguntava-me se tinha dormido bem. Se eu lhe contava algum mau sonho nascido das histórias do avô, ela sempre me tranquilizava: 'Não faças caso, em sonhos não há firmeza'. Pensava então que a minha avó, embora fosse também uma mulher muito sábia, não alcançava as alturas do meu avô, esse que, deitado debaixo da figueira, tendo ao lado o neto José, era capaz de pôr o universo em movimento apenas com duas palavras. Foi só muitos anos depois, quando o meu avô já se tinha ido deste mundo e eu era um homem-feito, que vim a compreender que a avó, afinal, também acreditava em sonhos. Outra coisa não poderia significar que, estando ela sentada, uma noite, à porta da sua pobre casa, onde então vivia sozinha, a olhar as estrelas maiores e menores por cima da sua cabeça, tivesse dito estas palavras: 'O mundo é tão bonito, e eu tenho tanta pena de morrer'. Não disse medo de morrer, disse pena de morrer, como se a vida de contínuo e pesado trabalho que tinha sido a sua estivesse, naquele momento quase final, a receber a graça de uma suprema e derradeira despedida, a consolação da beleza revelada. Estava sentada à porta de uma casa como não creio que tenha havido alguma outra no mundo porque nela viveu gente capaz de dormir com porcos como se fossem os seus próprios filhos, gente que tinha pena de ir-se da vida só porque o mundo era bonito, gente, e este foi o meu avô Jerónimo, pastor e contador de histórias, que, ao pressentir que a morte o vinha buscar, foi despedir-se das árvores do seu quintal, uma por uma, abraçando-se a elas e chorando porque sabia que não as tornaria a ver.

"Muitos anos depois, escrevendo pela primeira vez sobre este meu avô Jerónimo e sobre esta minha avó Josefa (faltou-me dizer que ela tinha sido, no dizer de quantos a conheceram quando rapariga, de uma formosura invulgar), tive consciência de que estava a transformar as pessoas comuns que eles haviam sido em personagens literários e que essa era, provavelmente, a maneira de não os esquecer, desenhando e tornando a desenhar os seus rostos com o lápis sempre cambiante da recordação, colorindo e iluminando a monotonia de um quotidiano baço e sem horizontes, como quem vai recriando, por cima do instável mapa da memória, a irrealidade sobrenatural do país em que decidiu passar a viver. A mesma atitude de espírito que, depois de haver evocado a fascinante e enigmática figura de um certo bisavô berbere, me levaria a descrever mais ou menos nestes termos um velho retrato (hoje já com quase oitenta anos) onde os meus pais aparecem: 'Estão os dois de pé, belos e jovens, de frente para o fotógrafo, mostrando no rosto uma expressão de solene gravidade que é talvez temor diante da câmara, no instante em que a objetiva vai fixar, de um e de outro, a imagem que nunca mais tornarão a ter, porque o dia seguinte será implacavelmente outro dia... Minha mãe apoia o cotovelo direito numa alta coluna e segura na mão esquerda, caída ao longo do corpo, uma flor. Meu pai passa o braço por trás das costas de minha mãe e a sua mão calosa aparece sobre o ombro dela como uma asa. Ambos pisam acanhados um tapete de ramagens. A tela que serve de fundo postiço ao retrato mostra umas difusas e incongruentes arquiteturas neoclássicas'. E terminava: 'Um dia tinha de chegar em que contaria estas coisas. Nada disto tem importância, a não ser para mim. Um avô berbere, vindo do Norte de África, um outro avô pastor de porcos, uma avó maravilhosamente bela, uns pais graves e formosos, uma flor num retrato — que outra genealogia pode importar-me?, a que melhor árvore me encostaria?'.

"Escrevi estas palavras há quase trinta anos, sem outra intenção que não fosse reconstituir e registar instantes da vida das pessoas que me geraram e que mais perto de mim estiveram, pensando que nada mais precisaria de explicar para que se soubesse de onde venho e de que materiais se fez a pessoa que comecei por ser e esta em que pouco a pouco me vim tornando. Afinal, estava enganado, a biologia não determina tudo, e, quanto à genética, muito misteriosos deverão ter sido os seus caminhos para terem dado uma volta tão larga... À minha árvore genealógica (perdoe-se-me a presunção de a designar assim, sendo tão minguada a substância da sua seiva) não faltavam apenas alguns daqueles ramos que o tempo e os sucessivos encontros da vida vão fazendo romper do tronco central, também lhe faltava quem ajudasse as suas raízes a penetrar até às camadas subterrâneas mais fundas, quem apurasse a consistência e o sabor dos seus frutos, quem ampliasse e robustecesse a sua copa para fazer dela abrigo de aves migrantes e amparo de ninhos. Ao pintar os meus pais e os meus avós com tintas de literatura, transformando-os, de simples pessoas de carne e osso que haviam sido, em personagens novamente e de outro modo construtoras da minha vida, estava, sem o perceber, a traçar o caminho por onde as personagens que viesse a inventar, as outras, as efetivamente literárias, iriam fabricar e trazer-me os materiais e as ferramentas que, finalmente, no bom e no menos bom, no bastante e no insuficiente, no ganho e no perdido, naquilo que é defeito mas também naquilo que é excesso, acabariam por fazer de mim a pessoa em que hoje me reconheço: criador dessas personagens, mas, ao mesmo tempo, criatura delas. Em certo sentido poder-se-á mesmo dizer que, letra a letra, palavra a palavra, página a página, livro a livro, tenho vindo, sucessivamente, a implantar no homem que fui as personagens que criei. Creio que, sem elas, não seria a pessoa que hoje sou, sem elas talvez a minha vida não tivesse logrado ser mais do que um esboço impreciso, uma promessa como tantas outras que de promessa não conseguiram passar, a existência de alguém que talvez pudesse ter sido e afinal não tinha chegado a ser.

"Agora sou capaz de ver com clareza quem foram os meus mestres de vida, os que mais intensamente me ensinaram o duro ofício de viver, essas dezenas de personagens de romance e de teatro que neste momento vejo desfilar diante dos meus olhos, esses homens e essas mulheres feitos de papel e tinta, essa gente que eu acreditava ir guiando de acordo com as minhas conveniências de narrador e obedecendo à minha vontade de autor, como títeres articulados cujas ações não pudessem ter mais efeito em mim que o peso suportado e a tensão dos fios com que os movia. Desses mestres, o primeiro foi, sem dúvida, um medíocre pintor de retratos que designei simplesmente pela letra H, protagonista de uma história a que creio razoável chamar de dupla iniciação (a dele, mas também, de algum modo, do autor do livro), intitulada *Manual de pintura e caligrafia*, que me ensinou a honradez elementar de reconhecer e acatar, sem ressentimento nem frustração, os meus próprios limites: não podendo nem ambicionando aventurar-me para além do meu pequeno terreno de cultivo, restava-me a possibilidade de cavar para o fundo, para baixo, na direção das raízes. As minhas, mas também as do mundo, se podia permitir-me uma ambição tão desmedida. Não me compete a mim, claro está, avaliar o mérito dos esforços feitos, mas creio ser hoje patente que todo o meu trabalho, de aí para diante, obedeceu a esse propósito e a esse princípio.

"Vieram depois os homens e as mulheres do Alentejo, aquela mesma irmandade de condenados da terra a que pertenceram o meu avô Jerónimo e a minha avó Josefa, camponeses rudes obrigados a alugar a força dos braços a troco de um salário e de condições de trabalho que só mereceriam o nome de infames, cobrando por menos que nada a vida a que os seres cultos e civilizados que nos prezamos de ser apreciamos chamar, segundo as ocasiões, preciosa, sagrada ou sublime. Gente popular que conheci, enganada por uma Igreja tão cúmplice como beneficiária do poder do Estado e dos terratenentes latifundistas, gente permanentemente vigiada pela polícia, gente quantas e quantas vezes vítima inocente das arbitrariedades de uma justiça falsa. Três gerações de uma família de camponeses, os Mau-Tempo, desde o começo do século até à Revolução de abril de 1974 que derrubou a ditadura, passam nesse romance a que dei o título de *Levantado do chão*, e foi com tais homens e mulheres do chão levantados, pessoas reais primeiro, figuras de ficção depois, que aprendi a ser paciente, a confiar e a entregar-me ao tempo, a esse tempo que simultaneamente nos vai construindo e destruindo para de novo nos construir e outra vez nos destruir. Só não tenho a certeza de haver assimilado de maneira satisfatória aquilo que a dureza das experiências tornou virtude nessas mulheres e nesses homens: uma atitude naturalmente estoica perante a vida. Tendo em conta, porém, que a lição recebida, passados mais de vinte anos, ainda permanece intacta no meu espírito como uma insistente convocatória, não perdi, até agora, a esperança de me vir a tornar um pouco mais merecedor da grandeza dos exemplos de dignidade que me foram propostos na imensidão das planícies do Alentejo. O tempo o dirá.

"Que outras lições poderia eu receber de um português que viveu no século XVI, que compôs as *Rimas* e as glórias, os naufrágios e os desencantos pátrios d'*Os lusíadas*, que foi um génio poético absoluto, o maior da nossa literatura, por muito que isso pese a Fernando Pessoa, que a si mesmo se proclamou como o Super-Camões dela? Nenhuma lição que estivesse à minha medida, nenhuma lição que eu fosse capaz de aprender, salvo a mais simples que me poderia ser oferecida pelo homem Luís Vaz de Camões na sua estreme humanidade, por exemplo, a humildade orgulhosa de um autor que vai chamando a todas as portas à procura de quem esteja disposto a publicar-lhe o livro que escreveu, sofrendo por isso o desprezo dos ignorantes de sangue e de casta, a indiferença desdenhosa de um rei e da sua companhia de poderosos, o escárnio com que desde sempre o mundo tem recebido a visita dos poetas, dos visionários e dos loucos. Ao menos uma vez na vida, todos os autores tiveram ou terão de ser Luís de Camões, mesmo se não escreverem as redondilhas de 'Sôbolos rios'... Entre fidalgos da corte e censores do Santo Ofício, entre os amores de antanho e as desilusões da velhice prematura, entre a dor de escrever e a alegria de ter escrito, foi a este homem doente que regressa pobre da Índia, aonde muitos só iam para enriquecer, foi a este soldado cego de um olho e golpeado na alma, foi a este sedutor sem fortuna que não voltará nunca mais a perturbar os sentidos das damas do paço, que eu pus a viver no palco da peça de teatro chamada *Que farei com este livro?*, em cujo final ecoa uma outra pergunta, aquela que importa verdadeiramente, aquela que nunca saberemos se alguma vez chegará a ter resposta suficiente: 'Que fareis com este livro?'. Humildade orgulhosa, foi essa de levar debaixo do braço uma obra-prima e ver-se injustamente enjeitado pelo mundo. Humildade orgulhosa também, e obstinada, esta de querer saber para que irão servir amanhã os livros que andamos a escrever hoje, e logo duvidar que consigam perdurar longamente (até quando?) as razões tranquilizadoras que acaso nos estejam a ser dadas ou que estejamos a dar a nós próprios. Ninguém melhor se engana que quando consente que o enganem os outros...

"Aproximam-se agora um homem que deixou a mão esquerda na guerra e uma mulher que veio ao mundo com o misterioso poder de ver o que há por trás da pele das pessoas. Ele chama-se Baltasar Mateus e tem a alcunha de Sete-Sóis, a ela conhecem-na pelo nome de Blimunda, e também pelo apodo de Sete-Luas que lhe foi acrescentado depois, porque está escrito que onde haja um sol terá de haver uma lua, e que só a presença conjunta e harmoniosa de um e do outro tornará habitável, pelo amor, a terra. Aproxima-se também um padre jesuíta chamado Bartolomeu que inventou uma máquina capaz de subir ao céu e voar sem outro combustível que não seja a vontade humana, essa que, segundo se vem dizendo, tudo pode, mas que não pôde, ou não soube, ou não quis, até hoje, ser o sol e a lua da simples bondade ou do ainda mais simples respeito. São três loucos portugueses do século XVIII, num tempo e num país onde floresceram as superstições e as fogueiras da Inquisição, onde a vaidade e a megalomania de um rei fizeram erguer um convento, um palácio e uma basílica que haveriam de assombrar o mundo exterior, no caso pouco provável de esse mundo ter olhos bastantes para ver Portugal, tal como sabemos que os tinha Blimunda para ver o que escondido estava… E também se aproxima uma multidão de milhares e milhares de homens com as mãos sujas e calosas, com o corpo exausto de haver levantado, durante anos a fio, pedra a pedra, os muros implacáveis do convento, as salas enormes do palácio, as colunas e as pilastras, as aéreas torres sineiras, a cúpula da basílica suspensa sobre o vazio. Os sons que estamos a ouvir são do cravo de Domenico Scarlatti, que não sabe se deve rir ou chorar… Esta é a história de *Memorial do convento*, um livro em que o aprendiz de autor, graças ao que lhe vinha sendo ensinado desde o antigo tempo dos seus avós Jerónimo e Josefa, já conseguiu escrever palavras como estas, donde não está ausente alguma poesia: 'Além da conversa das mulheres, são os sonhos que seguram o mundo na sua órbita. Mas são também os sonhos que lhe fazem uma coroa de luas, por isso o céu é o resplendor que há dentro da cabeça dos homens, se não é a cabeça dos homens o próprio e único céu'. Que assim seja.

"De lições de poesia sabia já alguma coisa o adolescente, aprendidas nos seus livros de texto quando, numa escola de ensino profissional de Lisboa, andava a preparar-se para o ofício que exerceu no começo da sua vida de trabalho: o de serralheiro mecânico. Teve também bons mestres da arte poética nas longas horas noturnas que passou em bibliotecas públicas, lendo ao acaso de encontros e de catálogos, sem orientação, sem alguém que o aconselhasse, com o mesmo assombro criador do navegante que vai inventando cada lugar que descobre. Mas foi na biblioteca da escola industrial que *O ano da morte de Ricardo Reis* começou a ser escrito…

Ali encontrou um dia o jovem aprendiz de serralheiro (teria então dezassete anos) uma revista — *Atena* era o título — em que havia poemas assinados com aquele nome e, naturalmente, sendo tão mau conhecedor da cartografia literária do seu país, pensou que existia em Portugal um poeta que se chamava assim: Ricardo Reis. Não tardou muito tempo, porém, a saber que o poeta propriamente dito tinha sido um tal Fernando Nogueira Pessoa que assinava poemas com nomes de poetas inexistentes nascidos na sua cabeça e a que chamava heterónimos, palavra que não constava dos dicionários da época, por isso custou tanto trabalho ao aprendiz de letras saber o que significava. Aprendeu de cor muitos poemas de Ricardo Reis ('Para ser grande sê inteiro/ Põe quanto és no mínimo que fazes'), mas não podia resignar-se, apesar de tão novo e ignorante, a que um espírito superior tivesse podido conceber, sem remorso, este verso cruel: 'Sábio é o que se contenta com o espetáculo do mundo'. Muito, muito tempo depois, o aprendiz, já de cabelos brancos e um pouco mais sábio das suas próprias sabedorias, atreveu-se a escrever um romance para mostrar ao poeta das *Odes* alguma coisa do que era o espetáculo do mundo nesse ano de 1936 em que o tinha posto a viver os seus últimos dias: a ocupação da Renânia pelo exército nazista, a guerra de Franco contra a República espanhola, a criação por Salazar das milícias fascistas portuguesas. Foi como se estivesse a dizer-lhe: 'Eis o espetáculo do mundo, meu poeta das amarguras serenas e do ceticismo elegante. Desfruta, goza, contempla, já que estar sentado é a tua sabedoria'.

"*O ano da morte de Ricardo Reis* terminava com umas palavras melancólicas: 'Aqui, onde o mar se acabou e a terra espera'. Portanto, não haveria mais descobrimentos para Portugal, apenas como destino uma espera infinita de futuros nem ao menos imagináveis: só o fado do costume, a saudade de sempre, e pouco mais... Foi então que o aprendiz imaginou que talvez houvesse ainda uma maneira de tornar a lançar os barcos à água, por exemplo, mover a própria terra e pô-la a navegar pelo mar fora. Fruto imediato do ressentimento coletivo português pelos desdéns históricos da Europa (mais exato seria dizer fruto de um meu ressentimento pessoal...), o romance que então escrevi — *A jangada de pedra* — separou do continente europeu toda a península Ibérica para a transformar numa grande ilha flutuante, movendo-se sem remos, nem velas, nem hélices em direção ao Sul do mundo, "massa de pedra e terra, coberta de cidades, aldeias, rios, bosques, fábricas, matos bravios, campos cultivados, com a sua gente e os seus animais", a caminho de uma utopia nova: o encontro cultural dos povos peninsulares com os povos do outro lado do Atlântico, desafiando assim, a tanto a minha estratégia se atreveu, o domínio sufocante que os Estados Unidos da América do Norte vêm exercendo naquelas paragens... Uma visão duas vezes utópica entenderia esta ficção política como uma metáfora muito mais generosa e humana: que a Europa, toda ela, deverá deslocar-se para o Sul, a fim de, em desconto dos seus abusos colonialistas antigos e modernos, ajudar a equilibrar o mundo. Isto é, Europa finalmente como ética. As personagens de *A jangada de pedra*

— duas mulheres, três homens e um cão — viajam incansavelmente através da península enquanto ela vai sulcando o oceano. O mundo está a mudar e eles sabem que devem procurar em si mesmos as pessoas novas em que irão tornar-se (sem esquecer o cão, que não é um cão como os outros...). Isso lhes basta.

"Lembrou-se então o aprendiz de que em tempos da sua vida havia feito algumas revisões de provas de livros e que se em *A jangada de pedra* tinha, por assim dizer, revisado o futuro, não estaria mal que revisasse agora o passado, inventando um romance que se chamaria *História do cerco de Lisboa*, no qual um revisor, revendo um livro do mesmo título, mas de história, e cansado de ver como a dita história cada vez é menos capaz de surpreender, decide pôr no lugar de um 'sim' um 'não', subvertendo a autoridade das 'verdades históricas'. Raimundo Silva, assim se chama o revisor, é um homem simples, vulgar, que só se distingue da maioria por acreditar que todas as coisas têm o seu lado visível e o seu lado invisível e que não saberemos nada delas enquanto não lhes tivermos dado a volta completa. De isso precisamente se trata numa conversa que ele tem com o historiador. Assim: 'Recordo-lhe que os revisores já viram muito de literatura e vida, O meu livro, recordo-lhe eu, é de história, Não sendo propósito meu apontar outras contradições, senhor doutor, em minha opinião tudo quanto não for vida é literatura, A história também, A história sobretudo, sem querer ofender, E a pintura, e a música, A música anda a resistir desde que nasceu, ora vai, ora vem, quer livrar-se da palavra, suponho que por inveja, mas regressa sempre à obediência, E a pintura, Ora, a pintura não é mais do que literatura feita com pincéis, Espero que não esteja esquecido de que a humanidade começou a pintar muito antes de saber escrever, Conhece o rifão, se não tens cão caça com o gato, ou, por outras palavras, quem não pode escrever, pinta ou desenha, é o que fazem as crianças, O que você quer dizer, com outras palavras, é que a literatura já existia antes de ter nascido, Sim senhor, como o homem, por outras palavras, antes de ser já o era, Quer-me parecer que você errou a vocação, devia era ser historiador, Falta-me o preparo, senhor doutor, que pode um simples homem fazer sem o preparo, muita sorte já foi ter vindo ao mundo com a genética arrumada, mas, por assim dizer, em estado bruto, e depois não mais polimento que primeiras letras que ficaram únicas, Podia apresentar-se como autodidata, produto do seu próprio e digno esforço, não é vergonha nenhuma, antigamente a sociedade tinha orgulho nos seus autodidatas, Isso acabou, veio o desenvolvimento e acabou, os autodidatas são vistos com maus olhos, só os que escrevem versos e histórias para distrair é que estão autorizados a ser autodidatas, mas eu para a criação literária nunca tive jeito, Então, meta-se a filósofo, O senhor doutor é um humorista, cultiva a ironia, chego a perguntar-me como se dedicou à história, sendo ela tão grave e profunda ciência, Sou irónico apenas na vida real, Bem me queria a mim parecer que a história não é a vida real, literatura, sim, e nada mais, Mas a história foi vida real no tempo em que ainda não se lhe poderia chamar história, Então o senhor doutor acha que a história é a vida real, Acho, sim, Que a história foi vida real, quero dizer,

Não tenho a menor dúvida, Que seria de nós se o deleatur que tudo apaga não existisse, suspirou o revisor'. Escusado será acrescentar que o aprendiz aprendeu com Raimundo Silva a lição da dúvida. Já não era sem tempo.

"Ora, foi provavelmente esta aprendizagem da dúvida que o levou, dois anos mais tarde, a escrever *O Evangelho segundo Jesus Cristo*. É certo, e ele tem-no dito, que as palavras do dito título lhe surgiram por efeito de uma ilusão de ótica, mas é legítimo interrogar-nos se não teria sido o sereno exemplo do revisor o que, nesse meio-tempo, lhe andou a preparar o terreno de onde haveria de brotar o novo romance. Desta vez não se tratava de olhar por trás das páginas do Novo Testamento à procura de contrários, mas sim de iluminar com uma luz rasante a superfície delas, como se faz a uma pintura, de modo a fazer-lhe ressaltar os relevos, os sinais de passagem, a obscuridade das depressões. Foi assim que o aprendiz, agora rodeado de figuras evangélicas, leu, como se fosse a primeira vez, a descrição da matança dos Inocentes, e, tendo lido, não compreendeu. Não compreendeu que já pudesse haver mártires numa religião que ainda teria de esperar trinta anos para que o seu fundador pronunciasse a primeira palavra dela, não compreendeu que não tivesse salvado a vida das crianças de Belém precisamente a única pessoa que o poderia ter feito, não compreendeu a ausência, em José, de um sentimento mínimo de responsabilidade, de remorso, de culpa, ou sequer de curiosidade, depois de voltar do Egito com a família. Nem se poderá argumentar, em defesa da causa, que foi necessário que as crianças de Belém morressem para que pudesse salvar-se a vida de Jesus: o simples senso comum que a todas as coisas, tanto às humanas como às divinas, deveria presidir, aí está para nos recordar que Deus não enviaria o seu filho à terra, de mais a mais com o encargo de redimir os pecados da humanidade, para que ele viesse a morrer aos dois anos de idade degolado por um soldado de Herodes... Nesse *Evangelho*, escrito pelo aprendiz com o respeito que merecem os grandes dramas, José será consciente da sua culpa, aceitará o remorso em castigo da falta que cometeu e deixar-se-á levar à morte quase sem resistência, como se isso lhe faltasse ainda para liquidar as suas contas com o mundo. O *Evangelho* do aprendiz não é, portanto, mais uma lenda edificante de bem-aventurados e de deuses, mas a história de uns quantos seres humanos sujeitos a um poder contra o qual lutam, mas que não podem vencer. Jesus, que herdará as sandálias com que o pai tinha pisado o pó dos caminhos da terra, também herdará dele o sentimento trágico da responsabilidade e da culpa que nunca mais o abandonará, nem mesmo quando levantar a voz do alto da cruz: 'Homens, perdoai-lhe porque ele não sabe o que fez', por certo referindo-se ao Deus que o levara até ali, mas quem sabe se recordando ainda, nessa agonia derradeira, o seu pai autêntico, aquele que, na carne e no sangue, humanamente o gerara. Como se vê, o aprendiz já tinha feito uma larga viagem quando no seu herético *Evangelho* escreveu as últimas palavras do diálogo no templo entre Jesus e o escriba: 'A culpa é um lobo que come o filho depois de ter devorado o pai, disse o escriba, Esse lobo de que falas já comeu o meu pai, disse Jesus, Então só falta que te devore a ti, E tu, na tua vida, foste comido, ou devorado, Não apenas comido e devorado, mas vomitado, respondeu o escriba'.

"Se o imperador Carlos Magno não tivesse estabelecido no Norte da Alemanha um mosteiro, se esse mosteiro não tivesse dado origem à cidade de Münster, se Münster não tivesse querido assinalar os 1200 anos da sua fundação com uma ópera sobre a pavorosa guerra que enfrentou no século XVI protestantes anabatistas e católicos, o aprendiz não teria escrito a peça de teatro a que chamou *In nomine Dei*. Uma vez mais, sem outro auxílio que a pequena luz da sua razão, o aprendiz teve de penetrar no obscuro labirinto das crenças religiosas, essas que com tanta facilidade levam os seres humanos a matar e a deixar-se matar. E o que viu foi novamente a máscara horrenda da intolerância, uma intolerância que em Münster atingiu o paroxismo demencial, uma intolerância que insultava a própria causa que ambas as partes proclamavam defender. Porque não se tratava de uma guerra em nome de dois deuses inimigos, mas de uma guerra em nome de um mesmo deus. Cegos pelas suas próprias crenças, os anabatistas e os católicos de Münster não foram capazes de compreender a mais clara de todas as evidências: no dia do Juízo Final, quando uns e outros se apresentarem a receber o prémio ou o castigo que mereceram as suas ações na terra, Deus, se em suas decisões se rege por algo parecido à lógica humana, terá de receber no paraíso tanto a uns como aos outros, pela simples razão de que uns e outros nele creem. A terrível carnificina de Münster ensinou ao aprendiz que, ao contrário do que prometeram, as religiões nunca serviram para aproximar os homens, e que a mais absurda de todas as guerras é uma guerra religiosa, tendo em consideração que Deus não pode, ainda que o quisesse, declarar guerra a si próprio...

"Cegos. O aprendiz pensou: 'Estamos cegos', e sentou-se a escrever o *Ensaio sobre a cegueira* para recordar a quem o viesse a ler que usamos perversamente a razão quando humilhamos a vida, que a dignidade do ser humano é todos os dias insultada pelos poderosos do nosso mundo, que a mentira universal tomou o lugar das verdades plurais, que o homem deixou de respeitar-se a si mesmo quando perdeu o respeito que devia ao seu semelhante. Depois, o aprendiz, como se tentasse exorcizar os monstros engendrados pela cegueira da razão, pôs-se a escrever a mais simples de todas as histórias: a de uma pessoa que vai à procura de outra pessoa apenas porque compreendeu que a vida não tem nada mais importante que pedir a um ser humano. O livro chama-se *Todos os nomes*. Não escritos, todos os nossos nomes estão lá. Os nomes dos vivos e os nomes dos mortos.

"Termino. A voz que leu estas páginas quis ser o eco das vozes conjuntas das minhas personagens. Não tenho, a bem dizer, mais voz que a voz que elas tiverem. Perdoai-me se vos pareceu pouco isto que para mim é tudo."

Jantar com a Academia Sueca. As melhores impressões.

8 *de dezembro*

Centro Cultural. Leitura.

Almoço na Wahlström & Widstrand.
Encontro com a ministra da Cultura. Receção do ICEP e do IPLB no hotel.

Texto para o *Público*:

"Como declaração de princípios que é, a Declaração Universal de Direitos Humanos não cria obrigações legais aos Estados, salvo se as respetivas Constituições estabelecem que os direitos fundamentais e as liberdades nelas reconhecidos serão interpretados de acordo com a Declaração. Todos sabemos, porém, que esse reconhecimento formal pode acabar por ser desvirtuado ou mesmo denegado na ação política, na gestão económica e na realidade social. A Declaração Universal é geralmente considerada pelos poderes económicos e pelos poderes políticos, mesmo quando presumem de democráticos, como um documento cuja importância não vai muito além do grau de boa consciência que lhes proporcione."

Universidade de Estocolmo. Conferência.

9 de dezembro

Almoço na Embaixada.
Associação dos Parlamentares. Biblioteca.
Receção da Fundação Nobel na Academia Sueca.
Receção do presidente Sampaio.
Jantar com o presidente Sampaio.

10 *de dezembro*

Entrega do prémio no Konserthuset.
"Cumpriram-se hoje exatamente cinquenta anos sobre a assinatura da Declaração Universal de Direitos Humanos. Não têm faltado, felizmente, comemorações à efeméride. Sabendo-se, porém, como a atenção se fatiga quando as circunstâncias lhe impõem que se aplique ao exame de questões sérias, não é arriscado prever que o interesse público por esta questão comece a diminuir já a partir de amanhã. Claro que nada tenho contra esses atos comemorativos, eu próprio contribuí para eles modestamente com algumas palavras. E uma vez que a data o pede e a ocasião não o desaconselha, permita-se-me que pronuncie aqui umas quantas palavras mais.

"Como declaração de princípios que é, a Declaração Universal de Direitos Humanos não cria obrigações legais aos Estados, salvo se as respetivas Constituições estabelecem que os direitos fundamentais e as liberdades nelas reconhecidos serão interpretados de acordo com a Declaração. Todos sabemos, porém, que esse reconhecimento formal pode acabar por ser desvirtuado ou mesmo denegado na ação política, na gestão económica e na realidade social. A Declaração Universal é geralmente considerada pelos poderes económicos e pelos poderes políticos, mesmo quando presumem de democráticos, como um documento cuja importância não vai muito além do grau de boa consciência que lhes proporcione.

"Nestes cinquenta anos, não parece que os governos tenham feito pelos direitos humanos tudo aquilo a que, moralmente quando não por força da lei, estavam obrigados. As injustiças multiplicam-se no mundo, as desigualdades agravam-se, a ignorância cresce, a miséria alastra. A mesma esquizofrénica humanidade que é capaz de enviar instrumentos a um planeta para estudar a composição das suas rochas assiste indiferente à morte de milhões de pessoas pela fome. Chega-se mais facilmente a Marte neste tempo do que ao nosso próprio semelhante.

"Alguém não anda a cumprir o seu dever. Não andam a cumpri-lo os governos, porque não sabem, seja porque não podem, seja porque não querem. Ou porque não lho permitem os que efetivamente governam, as empresas multinacionais e pluricontinentais cujo poder, absolutamente não democrático, reduziu a uma casca sem conteúdo o que ainda restava de ideal de democracia. Mas também não estão a cumprir o seu dever os cidadãos que somos. Foi-nos proposta uma Declaração Universal de Direitos Humanos, e com isso julgámos ter tudo, sem repensarmos que nenhuns direitos poderão subsistir sem a simetria dos deveres que lhes correspondem, o primeiro dos quais será exigir que esses direitos sejam não só reconhecidos, mas também respeitados e satisfeitos. Não é de esperar que os governos façam nos próximos cinquenta anos o que não fizeram nestes que comemoramos. Tomemos então, nós, cidadãos comuns, a palavra e a iniciativa. Com a mesma veemência, a mesma força com que reivindicarmos os nossos direitos, reivindiquemos também o dever dos nossos deveres. Talvez o mundo possa começar a tornar-se um pouco melhor.

"Não estão esquecidos os agradecimentos. Em Frankfurt, onde estava no dia 8 de outubro, as primeiras palavras que disse foram para agradecer à Academia Sueca a atribuição do prémio Nobel de literatura. Agradeci igualmente aos meus editores, aos meus tradutores e aos meus leitores. A todos volto a agradecer. E agora quero também agradecer aos escritores portugueses e de língua portuguesa, aos do passado e aos de agora: é por eles que as nossas literaturas existem, eu sou apenas mais um que a eles se veio juntar. Disse naquele dia que não nasci para isto, mas isto foi-me dado. Bem hajam, portanto."

11 *de dezembro*

Escola de Rinkeby, na Biblioteca Municipal.
　　Gravação do *Nobels Minds*.
　　Banquete no Castelo.

12 *de dezembro*

Visita à Fundação Nobel. Recebimento efetivo do diploma e da medalha.
　　Visita à Biblioteca Real. Almoço. Visita à casa de Strindberg.
　　Assinatura de livros nos armazéns NK.
　　Palco dos Poetas. Leitura.

13 de dezembro

Visita à Universidade de Uppsala.
    Almoço no castelo de Uppsala.

14 de dezembro

Regresso a Lisboa.

15 de dezembro

Selo de correio. Círculo de Leitores.

16 de dezembro

Ponte do Caia. Visita à CPLP. Azinhaga.

17 de dezembro

SPA. Presidente de honra.

18 de dezembro

Madrid, apresentação do livro de Chiapas, *As vozes do espelho*.

20 de dezembro

Continuarei a dizer que a literatura não muda o mundo, mas cada vez mais vou tendo razões para acreditar que a vida de uma pessoa pode ser transformada por um simples livro. Ao desbastar a montanha de correspondência que me esperava em casa, encontrei a seguinte carta, que fala por si:
"Querido sr. José Saramago, deveria ter-lhe escrito esta carta há muito tempo, perdoe-me o senhor por só escrever agora. Quando acabar de a ler, compreenderá por que o culpo do meu estado de agitação atual e por que penso que a sua literatura se fundiu com a minha vida.
"Sou colombo-venezuelana, guajira, de uma aldeia indígena, quase um casario, chamado Aremasain, que, em wayuu, quer dizer 'jardim formoso'. Sempre desejei, ansiei e intuí a existência de um irmão, pois, saiba o senhor, sou filha única e tenho 33 anos.
"Há muito tempo, numa das várias ocasiões em que tive de regressar ao meu país, encontrei, entre os documentos do meu pai, um papelinho dobrado e envelhecido que verifiquei tratar-se de um talão da Conservatória do Registo Civil Nacional. Nele, além do carimbo, só havia um número, parecendo-me estranho que não houvesse nenhum nome, nem referência alguma ao documento registado, coisa invulgar no meu país, neste tipo de

talões. Por isso, possuída por uma enorme curiosidade, decidi dedicar algumas horas a indagar a procedência do mesmo. Mas não tive qualquer êxito nas minhas diligências. A minha viagem de regresso a Espanha impôs-se e deixei um amigo encarregado de concluir aquela averiguação.

"Pode o senhor imaginar como são estas coisas. A verdade é que o meu amigo demorou quase dois anos a mandar-me o documento em questão, num envelope grande de papel kraft cheio de estampinhas coloridas. Era a certidão de nascimento de uma menina, com um nome e dois apelidos estranhos, mas, pela data, não havia dúvida de que se tratava de mim própria. Esta revelação comoveu-me imensamente. Muitos pormenores da minha vida começaram a ganhar sentido. Porém, depois de lida e manuseada aquela folha pela milésima vez, e depois de descartada por ser impossível e irrelevante qualquer outra averiguação, para além daquele nome, guardei o papel na gaveta do mais recôndito recanto da minha casa e entreguei-me ao mesmo desejo e sonho de sempre.

"Mas este verão, estando eu de férias em Ibiza, o meu colega ofereceu-me um livro intitulado *Todos os nomes*. Devo confessar que nunca tinha lido nada seu e que comecei a leitura com a única intenção de me entreter na praia. Mas a história absorveu-me, arrebatou-me, deu-me três voltas e uma noite acordei a pensar 'talvez não fosse má ideia procurar na lista telefónica'.

"O meu problema, ao contrário do que encontrou o José da sua história, era eu não saber ao certo que nome devia procurar e, ainda menos, por onde devia começar. Teria realmente um irmão? Eu só sabia um nome, o meu, nem sequer o dele, se é que, no caso de existir, alguma vez teve algum. E em que lista procurar? Na de Aremasain? O telefone ainda não tinha chegado à minha aldeia e eu, do outro lado do oceano, a mil quilómetros de distância... Finalmente, depois de dar muitas voltas e fazendo gala de uma lógica detetivesca, pensei que devia começar por consultar as listas das grandes capitais, está visto que as cidades latino-americanas são como grandes funis em que toda a gente acaba por cair, mais cedo ou mais tarde. Uma intuição — mais uma, das muitas que me indicariam o caminho — levou-me a procurar na lista de Santa Fé de Bogotá.

"Ao princípio não foi fácil, demorei vários dias para contratar um técnico e instalar no computador um programa que me permitisse 'navegar' por esses tempestuosos mares da informática. Após muitas tentativas e muitas horas perdidas contemplando as estrelas do meu ecrã, ocorreu-me aquilo que sucede a toda a gente que mergulha na rede pela primeira vez: não encontrei nada. Nenhuma lista telefónica, nem colombiana nem venezuelana, pode ser consultada pela internet. Mas não me dei por vencida. Depois de perder mais algumas horas falando com as telefonistas da informação internacional da Telefónica, decidi telefonar a um amigo bogotano, lembra-se? — aquele que tratou da primeira investigação. Pedi-lhe o favor de fotocopiar as páginas da lista telefónica correspondentes ao apelido xis e de mas mandar por correio urgente ou por fax.

"No dia seguinte, encontrei no fax uma lista enrolada com nomes e números quase ininteligíveis. Comecei a sublinhar todos os que continham os dois apelidos do talão e depois selecionei vários nomes. Houve um, e não precisamente o primeiro da minha lista, que me chamou a atenção, quem sabe, mais uma intuição. Marquei o número com o indicativo internacional e, do outro lado, respondeu a voz de um rapaz. Perguntei pela pessoa do nome da lista telefónica e ele respondeu: 'Sou eu, quem fala?'. Então, disse-lhe o meu nome, ou seja, o nome que aparecia no documento do Registo Civil. Ficou em silêncio durante alguns segundos, por pouco, não tenho um ataque, e exclamou: 'És minha irmã!'. Em Bogotá, eram quase cinco da manhã.

"A partir desse momento, tenho vivido numa espécie de turbilhão. O senhor pode imaginar, sr. José, como me sinto afortunada. Daqui a dias, vou a Bogotá conhecer o meu irmão e, inclusivamente, os meus sobrinhos, pois saiba o senhor que tenho vários sobrinhos. O meu irmão tem agora 38 anos e nunca se esqueceu do dia em que nos separaram. Eu só tinha dez meses de vida. O mais maravilhoso de tudo é eu ter sempre intuído que ele existia. O que prova que as crianças, mesmo muito novas, percebem quase tudo o que sucede à sua volta. O mais extraordinário é ter sido o senhor, sr. José, quem me orientou até ao fim.

"É possível que, quando me encontrar com o meu irmão, eu deixe de sentir o que tenho sentido. Idealizei tanto este encontro que é bem possível que me sinta desapontada. Mas também não me importo de avançar no escuro. Não quero que a minha felicidade atual seja estragada pelo medo. É mesmo possível que essa idealização, esses sonhos, sejam os que nos proporcionam as únicas situações que vale a pena viver."

Há outros momentos que vale a pena viver, como seja ter lido uma carta assim e deixar que as lágrimas corram...

24 de dezembro

Morreu Jorge Vieira.

28 de dezembro

Os brinquedos. *El Mundo*.

29 de dezembro

Luz Caballero. Coletivo Andersen. "Atlas geográfico de Portugal".

31 de dezembro

Passagem do ano em La Habana.

Dois dias de 1999

9 de janeiro

Pela simplicidade, pela franqueza, pelo humor, pela alegria quase, aqui está uma carta que não quero deixar perder. Escreveu-a Maria de Lurdes Delgado Rainho, que vive no Porto:
 "Para o caso de ter a paciência de me ler, peço antecipadamente desculpa pelo tempo (e como o seu tempo é infinitamente precioso!) que lhe vou roubar com o meu insignificante desabafo.
 "Há vários anos comprei o seu livro *A jangada de pedra*. Comecei a lê-lo distraidamente, decidi que não gostava e arrumei-o.
 "As minhas filhas, jovens estudantes de história de arte e de história na Faculdade de Letras do Porto, leram e começaram a sua pequena biblioteca 'saramaguiana' e diziam-me que lesse, que era embirração minha, que não percebiam como tendo eu andado noutros tempos pela filologia românica (hoje ando pela casa e pela família) passava

'ao lado' da sua obra. E eu, obtusa, resistia (só me faltou usar o argumento do dr. Cavaco) e 'devorava' o António Lobo Antunes, a Lídia Jorge..., o Alçada (para férias, que é levezinho e gentil com as mulheres).

"Um dia, este ano, vi um *Falatório* em que o senhor conversava a sós (não com Luísa Costa Gomes, nem Agustina e muito menos Miguel Esteves Cardoso) com a dra. Clara Ferreira Alves e gostei de si: era 'humano' e verbalizava aquilo que eu sinto em relação ao mundo em que vivemos. Fiz a ponte com *L'Horreur économique* e era 'aquilo'. E eu que não sou comunista nem nunca fui (voto desde sempre no PS), pus-me a pensar que com certeza estava a ser preconceituosa. Talvez como o Sousa Lara (embora na altura me tivesse indignado), mas sem os mesmos efeitos perniciosos: primeiro porque não sou poder, segundo porque sou 'tolerante' (*Cadernos de Lanzarote*, v. v). O verão passou-se com o terno Alçada a ritmar as férias familiares numa casa na Toscânia (não, não pertenço à classe média alta e por isso trabalho epistolarmente para encontrar pequenos paraísos no campo ao alcance da nossa bolsa).

"Já na *rentrée* na cozinha, ouço o grito da Vanessa 'Mãe, o Saramago ganhou o Nobel! É verdade!'. Corremos para a televisão (o Nobel da paz de Ramos-Horta e d. Ximenes soube-o inesperadamente através da TV5) até que um jornalista da RTP Porto irrompe por um programa dentro (coisa inédita em Portugal e sujeita, com certeza, a processo disciplinar) e confirma. Telefono à minha mãe, viúva do PSD (penso que se precisar de fazer uma transfusão, terá de arranjar sangue laranja) e ela exulta. Telefono para a minha filha Bárbara, que estava numa escavação em Cerveira (e que merecia a notícia, pois é quem mais se dedica à leitura — a curiosidade intelectual, perdoe-se-me a vaidade maternal, levou-a aos dez anos a ler *Guerra e paz*) e o senhor é aclamado por toda uma equipa de escavação. Deixo mensagem no telemóvel do meu marido e aguardo a chegada do meu filho Miguel do liceu. O meu 'grunho' de catorze anos, duma gentileza imensa mas que nunca consegui motivar a ler um livro (e embora aquilo que o sr. José Saramago disse ao jornalista José Alberto de Carvalho na abertura da Feira do Livro deste ano me tenha sossegado um pouco, mesmo assim levei-o para as mãos de um psicólogo para que o ajudasse), e perguntei-lhe se já sabia. Não, não sabia. Mas adivinhou ou intuiu: 'Foi o Saramago! Foi?! Fixe'.

"E nessa tarde, ainda com a emoção genuína na pele, fiz o *bilan* e cá com os meus botões pensei: 'Tens que ler! Não tens que gostar, mas tens que ler'. E voltei à *Jangada de pedra*. E gostei. E li *Ensaio sobre a cegueira*. E pensei mais uma vez: é isto! E li a *História do cerco de Lisboa*. E não sei o que pensam o autor e os críticos, mas para mim é uma fascinante e delicada história de amor. E li... E quando esgotei o que por cá havia escrevi a minha carta ao Pai Natal (mania cá da casa) a pedir o que ainda não tínhamos.

"Posto isto, estou muito grata à Academia Sueca que me deu o safanão que eu precisava, à Lídia Jorge que disse tudo: 'Ele é um homem bom', mas estou infinitamente mais grata ao senhor que me deu e continuará a dar inúmeras horas de todas as coisas de que se alimenta a minha vida."

14 de janeiro

Pilar tinha-me dito quando saí de Lanzarote: 'Se tiveres tempo passa pelo El Corte Inglés e compra uns quantos *calcetines*, que estás precisado'. De manhã fui à editora, falei com Juan Cruz, assinei livros para serem enviados a La Habana, depois almocei com Ana María Matute, Lola Díaz, Ramón Bonaventura e Miguel Naveros, que acaba de publicar o seu primeiro romance. Também estavam a mulher e a enteada de Naveros. Almoços em Madrid acabam sempre tardíssimo, mormente se a conversa correr animada, como foi o caso. Apesar disso, antes de me dirigir ao Palácio Real para assistir à entrega do prémio Reina Sofía de Poesía Ibero-Americana a José Ángel Valente, ainda tive tempo de encaminhar os meus passos ao El Corte Inglés. Estava pois a escolher as meias (o que os espanhóis chamam *calcetines* está mais próximo do que nós chamamos peúgas, e peúga, como qualquer português sabe, não é meia), quando ouço perguntar: '*Es usted José Saramago?*'. Virei a cabeça (há que explicar que nesse momento me encontrava de cócoras a examinar as prateleiras mais baixas) e vejo um homem de meia-idade que me olhava com ar de dúvida. Retomei a posição vertical e respondi: 'Sim, sou eu próprio'. 'Era o que me parecia', disse ele, 'mas como o vi aqui sozinho...' Acrescentou umas palavras simpáticas de felicitação, que agradeci, e afastou-se, já não duvidoso, mas, pela expressão da cara, ainda perplexo. Evidentemente, a sua estranheza não provinha de me ver a escolher meias no El Corte Inglés: um homem, por mais incompetente que seja nestes assuntos, não precisa de estar sempre acompanhado quando faz compras. O que simplesmente tinha desconcertado o meu interlocutor era que um prémio Nobel de literatura estivesse a comprar meias como qualquer comum mortal, sem, ao menos, a assistência de dois secretários e a proteção de quatro guarda-costas. Ainda por cima numa postura tão pouco digna...

13 de março

Verdade e ilusão democrática*

Abro com duas citações de Aristóteles, ambas extraídas de *Política*. A primeira delas, curta, sintética, diz-nos que "em democracia, os pobres são soberanos, com exclusão dos ricos, porque são eles o maior número, e porque a vontade da maioria é lei". A segunda, que, começando por anunciar uma restrição ao alcance da primeira, não só, afinal de contas, a alarga e completa, como a si própria praticamente se alcandora à altura de um axioma, esse princípio que, por evidente, não requer, para convencer, o esforço de uma demonstração. Eis o que nos diz a citação segunda: "A igualdade (no Estado) pede que os pobres não tenham mais poder que os ricos, que não sejam eles os únicos soberanos, mas que o sejam todos na proporção do número existente de uns e outros. Este parece ser o meio de garantir ao Estado, eficazmente, a igualdade e a liberdade". Se

---

* Conferência organizada pela Cátedra Julio Cortázar, na Universidade de Guadalajara, México. (N. E.)

não estou demasiado equivocado na interpretação desta passagem, o que Aristóteles nos está a dizer aqui é que os cidadãos ricos, embora participando, com toda a legitimidade democrática, no governo da pólis, sempre estariam em minoria nele, pelo simples efeito de uma proporcionalidade imperativa e incontestável. Em algo Aristóteles acertava: que se saiba, ao longo de toda a história, jamais os ricos foram em maior número que os pobres. Mas esse acerto do filósofo de Estagira, pura obviedade aritmética, estilhaça-se contra a dura muralha dos factos: os ricos foram sempre aqueles que governaram o mundo ou que sempre tiveram quem por eles governasse. E hoje, provavelmente, mais do que nunca. Não resisto a recordar-vos, sofrendo com a minha própria ironia, que, para o discípulo de Platão, o Estado era a forma superior da moralidade...

Qualquer manual elementar de direito político nos informará que a democracia é "uma organização interna do Estado em que cabe ao povo a origem e o exercício do poder político, uma organização em que o povo governado governa por intermédio dos seus representantes", ficando assim asseguradas, acrescentará o dito manual, "a intercomunicação e a simbiose entre governantes e governados, no quadro de um Estado de direito". Em minha modesta opinião, aceitar acriticamente definições como esta, sem dúvida de uma pertinência e de um rigor formal que quase tocam a fronteira das ciências exatas, corresponderia, se nos transportássemos ao quadro pessoal da nossa quotidianidade biológica, a não dar atenção à gradação infinita de estados mórbidos, patológicos ou degenerativos de diversa gravidade que é possível, em cada momento, perceber no nosso próprio corpo. Expressando-me de outra maneira: o facto de a democracia poder ser definida de acordo com as fórmulas antes citadas, ou outras igualmente equivalentes em precisão e rigor, não significa que como real e efetiva democracia tenhamos de caracterizá-la em todos os casos e circunstâncias, só porque ainda é possível, quando o seja, reencontrar e identificar, no conjunto dos seus órgãos institucionais e das suas estruturas, algum ou alguns dos traços que nas referidas definições se explicitem ou que nela estejam implícitos.

Uma breve e primária incursão pela história das ideias políticas vai servir-me para trazer à colação duas questões simples que, sendo do conhecimento de toda a gente, são também, não obstante, e com o costumado argumento de que os tempos mudaram, postos de lado e desconsiderados sempre que se apresente a ocasião de refletir, não já sobre meras definições de democracia, mas sobre a sua substância concreta. A primeira questão recordar-me-á que a democracia apareceu na Grécia clássica, mais exatamente em Atenas, por alturas do século v antes de Cristo; que essa democracia pressupunha a participação de todos os homens livres no governo da cidade; que se baseava na forma direta, sendo efetivos todos os cargos, ou atribuídos segundo um sistema misto de sorteio e eleição; que os cidadãos tinham direito a votar e a apresentar propostas nas assembleias populares.

Porém (e esta é a minha segunda questão), em Roma, continuadora e herdeira imediata das inovações civilizadoras dos gregos, o sistema democrático, apesar das provas dadas no país de origem, não conseguiu ser estabelecido. Conhecemos as razões. A par de alguns outros fatores adjuvantes, no entanto de menor importância social e política, o principal e definitivo obstáculo à implantação da democracia em Roma proveio do enorme poder económico de uma aristocracia fundiária que, muito justificadamente, via no sistema democrático um inimigo direto dos seus interesses. Embora tendo presente o risco de generalizações abusivas a que as extrapolações de tempo e de lugar sempre nos podem levar, é irresistível que me interrogue sobre se os impérios económicos e financeiros dos nossos dias, multinacionais e pluricontinentais, não estarão, eles também, fiéis à exclusiva e implacável lógica dos interesses, a trabalhar, fria e deliberadamente, para a eliminação progressiva de uma possibilidade democrática que, cada vez mais afastada temporalmente das suas indecisas expressões de origem, vai a caminho de um rápido estiolamento, por enquanto ainda mantida nas suas formas exteriores, mas profundamente desvirtuada na sua essência.

Pergunto-me até que ponto poderão dar-nos garantias de uma ação realmente democrática as diversas instâncias do poder político quando, aproveitando-se da legitimidade institucional que lhes adveio da eleição popular, tentam desviar a nossa atenção da evidência palmar de que no mesmíssimo processo da votação já se encontravam presentes, e em conflito, por um lado, a expressão de uma opção política representada materialmente pelo voto e, por outro lado, a demonstração involuntária de uma abdicação cívica na maior parte dos casos sem consciência de si mesma? Por outras palavras: não será verdade que, no mesmo exato instante em que o seu voto foi introduzido na urna, o eleitor transferiu para outras mãos, na prática e sem mais contrapartidas que as promessas que lhe haviam sido feitas durante a campanha eleitoral, a parcela de poder político que até esse momento lhe pertencera de legítimo direito como membro da comunidade de cidadãos?

Parecer-vos-á talvez imprudente da minha parte este papel de advogado do diabo que aqui estou parecendo assumir, ao começar por denunciar o vazio instrumental que, nos nossos sistemas democráticos, separa aqueles que elegeram daqueles que foram eleitos, para logo a seguir, e sem ao menos recorrer à habilidade retórica de uma transição preparatória, passar a interrogar-me sobre a pertinência e a propriedade efetivas dos distintos processos políticos de delegação, representação e autoridade democrática.

Uma razão mais para que nos detenhamos um pouco a ponderar sobre o que a nossa democracia é e para que serve, antes de pretendermos, como se tornou moda do tempo, que ela se torne obrigatória e universal. Porque esta caricatura de democracia que, como missionários de uma nova religião, andamos a querer, pela persuasão ou pela força, difundir e instalar no resto do mundo, não é a democracia dos sábios e ingénuos gregos, mas aquela outra que os pragmáticos romanos teriam implantado nas suas terras se nela tivessem visto alguma utilidade prática, como ouso dizer que está a suceder à nossa volta neste começo de milénio, agora que a temos aí diminuída e rebaixada por mil e um condicionantes de toda a espécie (económicos, financeiros, tecnológicos, estruturais), os quais, não nos reste nenhuma dúvida, teriam levado os latifundistas do Lácio a mudar rapidamente de ideias, tornando-se nos mais ativos e entusiásticos "democratas"...

    Chegados a esta altura do discurso, é mais do que provável que no espírito de muitos dos que até agora me têm escutado com benevolência principie a despontar a incómoda suspeita de que o orador, afinal de contas, não tem nada de democrata, o que, como não deixariam os mais informados e argutos de acrescentar, pertenceria ao domínio das verdades óbvias, conhecidas como geralmente são as minhas inclinações ideológicas e políticas... Que não é este o lugar nem este o momento de justificar ou defender, já que apenas me propus trazer aqui algo do que tenho pensado sobre a ideia, a suposição, a convicção, a esperança de que estejamos caminhando, todos juntos, em direção a um mundo realmente democratizado, caso em que estaríamos convertendo em realidade, dois milénios e meio depois de Sócrates, Platão e Aristóteles, e num nível superior de consecução, a quimera grega de uma sociedade harmoniosa, agora já sem diferença entre senhores e escravos, segundo dizem as almas cândidas que ainda acreditam na perfeição... Uma vez que as democracias a que redutoramente temos chamado ocidentais não são censatárias nem racistas, uma vez que o voto do cidadão mais rico ou de pele mais clara pesa e conta tanto nas urnas como o do cidadão mais pobre ou de pele mais escura, que o mesmo é dizer, colocando as aparências no lugar das realidades, nós teríamos alcançado o grau ótimo de uma democracia de teor resolutamente igualitário, à qual só estaria a faltar uma mais ampla cobertura geográfica para se tornar no suspirado sucedâneo político das panaceias universais da antiguidade médica. Ora, se me é permitido lançar alguma água fria nestes superficiais e unânimes fervores, direi que a realidade brutal do mundo em que vivemos torna definitivamente irrisórios os traços idílicos do quadro que acabo de descrever, e que sempre, de uma maneira ou de outra, acabaremos por encontrar, por fim já sem surpresa, um corpo autoritário particular sob as roupagens democráticas gerais. Tentarei explicar-me melhor.

Ao afirmar que o ato de votar, sendo obviamente expressão de uma vontade política determinada, é também, em simultâneo, um ato de renúncia ao exercício dessa mesma vontade, implicitamente manifestado na delegação operada pelo poder próprio do votante, ao afirmá-lo, repito, coloquei-me tão somente no primeiro limiar da questão, sem considerar então outros prolongamentos e outras consequências do ato eleitoral, quer do ponto de vista institucional, quer do ponto de vista dos diversos estratos políticos e sociais em que decorre a vida da comunidade de cidadãos. Observando agora as coisas mais de perto, creio poder concluir que sendo o ato de votar, objetivamente, pelo menos em grande parte da população de um país, uma forma de renúncia temporal à ação política que deveria ser-lhe natural e permanente, mas que se vê adiada e posta em surdina até às eleições seguintes, altura em que os mecanismos delegatórios recomeçarão do princípio para da mesma maneira virem a terminar, ela, essa renúncia, poderá ser, não menos objetivamente, para a minoria dos eleitos, o primeiro passo de um processo que, estando democraticamente justificado pelos votos, não raras vezes prossegue, contra as baldadas esperanças dos iludidos votantes, objetivos que de democráticos nada têm e que poderão até, na sua concretização, chegar a ofender frontalmente a lei. Em princípio, a nenhuma comunidade mentalmente sã lhe passaria pela cabeça a ideia de eleger traficantes de armas e de drogas ou, em geral, indivíduos corruptos e corruptores para seus representantes nos parlamentos ou nos governos, porém, a amarga experiência de todos os dias mostra-nos que o exercício de amplas áreas do poder, tanto em âmbitos nacionais como internacionais, se encontra nas mãos desses e de outros criminosos, ou dos seus mandatários políticos diretos e indiretos. Nenhum escrutínio, nenhum exame microscópico dos votos lançados numa urna seria capaz de tornar visíveis, por exemplo, os sinais denunciadores das relações de concubinato entre a maioria dos Estados e grupos económicos e financeiros internacionais cujas ações delituosas, incluindo aqui as bélicas, estão a levar à catástrofe o planeta em que vivemos.

Aprendemos dos livros, e as lições da vida o confirmam, que, por mais equilibradas que se apresentem as suas estruturas institucionais e respetivo funcionamento, de pouco nos servirá uma democracia política que não tenha sido constituída como raiz e razão de uma efetiva e concreta democracia económica e de uma não menos concreta e efetiva democracia cultural. Dizê-lo nos dias de hoje há de parecer, mais que uma banalidade, um exausto lugar-comum herdado de certas inquietações ideológicas do passado, mas seria o mesmo que fechar os olhos à realidade das ideias não reconhecer que aquela trindade democrática — a política, a económica, a cultural —, cada uma delas complementar das outras, representou, no tempo da sua prosperidade como projeto de futuro, uma das mais congregadoras bandeiras cívicas que alguma vez, na história recente, foram capazes de comover corações, abalar consciências e mobilizar vontades. Hoje, pelo contrário, desprezadas e atiradas para a lixeira das fórmulas que o uso, como a um sapato velho, cansou e deformou, a ideia de uma democracia económica, por muito relativizada que tivesse de ser, deu lugar a um mercado obscenamente triunfante, e a ideia de uma democracia cultural foi substituída por uma não menos obscena massificação industrial das culturas, esse falso *melting-pot* com que se pretende disfarçar o predomínio absoluto de uma delas. Cremos haver avançado, mas, de facto, retrocedemos. E cada vez se irá tornando mais absurdo falar de democracia se persistirmos no equívoco de identificá-la com as suas expressões quantitativas e mecânicas, essas que se chamam partidos, parlamentos e governos, sem proceder antes a um exame sério e conclusivo do modo como eles utilizam o voto que os colocou no lugar que ocupam.

Uma democracia que não se auto-observe, que não se autoexamine, que não se autocritique, estará fatalmente condenada a anquilosar-se.

Não se conclua do que acabo de dizer que estou contra a existência dos partidos: sou militante de um deles. Não se pense que aborreço os parlamentos: querê-los-ia, isso sim, mais laboriosos e menos faladores. E tão pouco se imagine que sou o inventor de uma receita mágica que, doravante, permitirá aos povos viverem felizes sem governos: apenas me recuso a admitir que só seja possível governar e desejar ser governado de acordo com os modelos democráticos em uso, a meu ver incompletos e incoerentes, esses modelos que, numa espécie de assustada fuga para a frente, pretendemos tornar universais, como se, no fundo, só quiséssemos fugir dos nossos próprios fantasmas, em vez de os reconhecer como o que são e trabalhar para vencê-los.

Chamei "incompletos" e "incoerentes" aos modelos democráticos em uso porque realmente não vejo como se possa designá-los de outra maneira. Uma democracia bem entendida, inteira, redonda, irradiante, como um sol que por igual a todos ilumine deverá, em nome da pura lógica, começar por aquilo que temos mais à mão, isto é, o país onde nascemos, a sociedade em que vivemos, a rua onde moramos. Se esta condição primária não for observada, e a experiência de todos os dias diz-nos que não o é, todos os raciocínios e práticas anteriores, quer dizer, a fundamentação teórica e o funcionamento experimental do sistema, estarão, desde o início, viciados e corrompidos. De nada adiantará limpar as águas do rio à sua passagem pela cidade se o foco contaminador estiver na nascente. Vimos já como se tornou obsoleto, fora de moda, e até mesmo ridículo, invocar os objetivos humanistas de uma democracia económica e de uma democracia cultural, sem os quais o que designamos por democracia política ficou limitado à fragilidade de uma casca, acaso brilhante e colorida de bandeiras, cartazes e palavras de ordem, mas vazia de conteúdo civicamente nutritivo. Querem, porém, as circunstâncias da vida atual que até mesmo essa delgada e quebradiça casca das aparências democráticas, ainda preservadas pelo impenitente conservadorismo do espírito humano, ao qual costumam bastar as formas exteriores, os símbolos e os rituais para continuar a acreditar na existência de uma materialidade já carecida de coesão ou de uma transcendência que deixou perdidos pelo caminho o sentido e o nome — querem as circunstâncias da vida atual, repito, que as cintilações e as cores que até agora têm adornado, diante dos nossos resignados olhos, as desgastadas formas da democracia política, se estejam a tornar rapidamente baças, sombrias, inquietantes, quando não impiedosamente grotescas como a caricatura de uma decadência que se vai arrastando entre chufas de desprezo e uns últimos aplausos irónicos ou de interessada conveniência.

    Como sempre aconteceu desde o começo do mundo e sempre continuará a acontecer até ao dia em que a espécie humana se extinga, a questão central de qualquer tipo de organização social humana, da qual todas as outras decorrem e para a qual, mais cedo ou mais tarde, todas acabam por concorrer, é a questão do poder, e o principal problema teórico e prático com que nos enfrentamos consistirá na necessidade de identificar quem o detém, de averiguar como chegou a ele, de verificar o uso que dele faz, os meios de que se serve e os fins a que aponta. Se a democracia fosse, de facto, o que com autêntica ou simulada ingenuidade continuamos a dizer que é, o governo do povo, pelo povo e para o povo, qualquer debate sobre a questão do poder deixaria de ter sentido, uma vez que, residindo o poder no povo, seria ao povo que competiria a sua administração, e, sendo o povo a administrar o poder, está claro que só o poderia fazer para o seu próprio bem e para a sua própria felicidade, pois a isso o estaria obrigando aquilo a que chamo, sem qualquer aspiração a um mínimo de rigor conceptual, a lei da conservação da vida. Ora, só um espírito perverso, panglossiano até ao cinismo, teria a ousadia de afirmar que o mundo em que vivemos é satisfatoriamente feliz, este mundo que, pelo contrário, ninguém deveria pretender que o aceitemos tal qual é, só pelo facto de ser, repetindo o conhecido nariz de cera, o melhor dos mundos possíveis. Também insistentemente se afirma que a democracia é o menos mau sistema político de todos quantos até hoje se inventaram, e não se repara que talvez esta conformidade resignada com uma coisa que se contenta com ser "a menos má" seja o que nos anda a travar o passo que porventura seria capaz de conduzir-nos a algo "melhor".

Por sua própria natureza e definição, o poder democrático será sempre provisório e conjuntural, dependerá da instabilidade do voto, da flutuação das ideologias e dos interesses das classes, e, como tal, pode até ser visto como uma espécie de barómetro orgânico que vai registando as variações da vontade política da sociedade. Mas, ontem como hoje, e hoje com uma amplitude cada vez maior, abundam os casos de alterações políticas aparentemente radicais que tiveram como efeito radicais alterações de governo, mas a que não se seguiram as alterações sociais, económicas e culturais igualmente radicais que o resultado do sufrágio havia prometido.

Efetivamente, dizer hoje "governo socialista", ou "social-democrata", ou "democrata-cristão", ou "conservador", ou "liberal", e chamar-lhe "poder", é como uma operação de cosmética, é pretender nomear algo que não se encontra onde se nos quer fazer crer, mas sim em outro e inalcançável lugar — o do poder económico —, esse cujos contornos podemos perceber em filigrana por trás das tramas e das malhas institucionais, mas que invariavelmente se nos escapa quando tentamos chegar-lhe mais perto e que inevitavelmente contra-atacará se alguma vez tivermos a louca veleidade de reduzir ou disciplinar o seu domínio, subordinando-o às pautas reguladoras do interesse geral. Por outras e mais claras palavras, afirmo que os povos não elegeram os seus governos para que eles os "levassem" ao mercado, e que é o mercado que condiciona por todos os modos os governos para que lhe "levem" os povos.

E, se assim falo do Mercado (agora com maiúscula), é por ser ele, nos tempos modernos, o instrumento por excelência do autêntico, único e insofismável poder realmente digno desse nome que existe no mundo, o poder económico e financeiro transnacional e pluricontinental, esse que não é democrático porque não o elegeu o povo, que não é democrático porque não é regido pelo povo, que finalmente não é democrático porque não visa a felicidade do povo. Não faltarão sensibilidades delicadas para considerarem escandaloso e gratuitamente provocador o que acabo de dizer, mesmo que tenham de reconhecer que não fiz mais que enunciar algumas verdades transparentes e elementares, uns quantos dados correntes da experiência de todos nós, simples observações do senso comum. Sobre essas e outras não menos claras obviedades, porém, têm imposto as estratégias políticas de todos os rostos e cores um prudente silêncio a fim de que não ouse alguém insinuar que, conhecendo a verdade, andamos a cultivar a mentira ou dela aceitamos ser cúmplices.

Enfrentemos, portanto, os factos. O sistema de organização social que até aqui temos designado como democrático tornou-se cada vez mais numa plutocracia (governo dos ricos) e cada vez menos uma democracia (governo do povo). É impossível negar que a massa oceânica dos pobres deste mundo, sendo geralmente chamada a eleger, não é nunca chamada a governar (os pobres nunca votariam num partido de pobres porque um partido de pobres não teria nada para prometer-lhes). É impossível negar que, na mais do que problemática hipótese de que os pobres formassem governo e governassem politicamente em maioria, como a Aristóteles não repugnou admitir na *Política*, ainda assim não disporiam dos meios para alterar a organização do universo plutocrático que os cobre, vigia e não raramente afoga. É impossível não nos apercebermos de que a chamada democracia ocidental entrou em um processo de transformação retrógrada que é totalmente incapaz de parar e inverter, e cujo resultado tudo faz prever que seja a sua própria negação. Não é preciso que alguém assuma a tremenda responsabilidade de liquidar a democracia, ela já se vai suicidando todos os dias. Que fazer, então? Reformá-la? Demasiado sabemos que reformar algo, como escreveu o autor de *Il gattopardo*, não é mais que mudar o suficiente para que tudo se mantenha igual. Regenerá-la? A qual visão suficientemente democrática do passado valeria a pena regressar para, a partir dela, reconstruir com novos materiais o que hoje está em vias de se perder? À da Grécia antiga? À das cidades e repúblicas mercantis da Idade Média? À do liberalismo inglês do século xvii? À do enciclopedismo francês do século xviii? As respostas seriam com certeza tão fúteis quanto já o foram as perguntas... Que fazer, então? Deixar de considerar a democracia como um dado adquirido, definido de uma vez e para sempre intocável. Num mundo que se habituou a discutir tudo, uma só coisa não se discute, precisamente a democracia. Melífluo e monacal, como era seu estilo retórico, Salazar, o ditador que governou o meu país durante mais de quarenta anos, pontificava: "Não discutimos deus, não discutimos a pátria, não discutimos a família". Hoje discutimos deus, discutimos a pátria, e só não discutimos a família porque ela própria se está a discutir a si mesma. Mas não discutimos a democracia. Pois eu digo: discutamo-la, meus senhores, discutamo-la a todas as horas, discutamo-la em todos os foros, porque, se não o fizermos a tempo, se não descobrirmos a maneira de a reinventar, sim, de a re-inventar, não será só a democracia que se perderá, também se perderá a esperança de ver um dia respeitados neste infeliz planeta os direitos humanos. E esse seria o grande fracasso da nossa época, o sinal de traição que marcaria para todo o sempre o rosto da humanidade que agora somos.

18 *de março*

<u>O autor como narrador omnisciente</u>*

Abordar um texto literário, qualquer que seja o grau de profundidade ou amplitude da leitura, pressupõe, e ouso dizer que pressuporá sempre, uma certa incomodidade do espírito, como se uma consciência exterior observasse com ironia e inanidade relativas um trabalho de desocultação que, estando obrigado a organizar, no complexo capilar do texto, um itinerário contínuo e uma univocidade coerente, ao mesmo tempo se obriga a abandonar as mil e uma vias oferecidas por outros itinerários possíveis, apesar de estar ciente, de antemão, de que só depois de os ter percorrido a todos, a esses e àquele que escolheu, é que acederia ao significado último do texto. Acederia talvez. Porque poderia suceder que uma leitura supostamente totalizadora, assim obtida, viesse a servir para acrescentar à rede sanguínea do texto uma ramificação nova, um circuito novo e, portanto, impor a necessidade de uma nova leitura... Todos carpimos a sorte de Sísifo, condenado a empurrar pela montanha acima uma sempiterna pedra que

---

* Conferência pronunciada no México, no Colégio Nacional, sobre a nova geografia do romance, organizada por Carlos Fuentes. (N. E.)

sempiternamente rolará para o fundo do vale, mas talvez o pior castigo do desafortunado homem seja saber que não poderá vir tocar em uma só das outras pedras ao redor, essas que esperam o esforço que as arrancaria à imobilidade.

Não perguntamos ao sonhador por que razão está sonhando, não requeremos do pensador as razões primeiras do seu pensar, mas de um e do outro gostaríamos de saber aonde os levaram, ou levaram eles, o pensamento e o sonho. Numa palavra, quereríamos conhecer, para comodidade nossa, essa pequena constelação de brevidades a que chamamos conclusões. Porém, ao escritor — sonho e pensamento reunidos — não se lhe pode exigir que nos explique os motivos, desvende os caminhos e assinale os propósitos. O escritor, à medida que avança, vai apagando os rastos que deixou, cria atrás de si, entre dois horizontes, um deserto, razão por que o leitor terá de traçar e abrir, no terreno assim alisado, uma rota sua, pessoal, que, no entanto, jamais coincidirá, jamais se justaporá à do escritor, finalmente indevassável. Por sua vez, o escritor, tendo varrido os sinais que marcaram não só o carreiro por onde veio, mas também as hesitações, as pausas, as medições da altura do Sol, não saberá dizer-nos por que caminho chegou aonde agora se encontra, parado no meio do texto ou já no fim dele. Nem o leitor pode repetir o percurso do escritor, nem o escritor poderá repetir o percurso do texto: o leitor só poderá interrogar o texto feito, o escritor talvez devesse renunciar a tentar dizer como o fez. E, contudo, já sabemos que não renunciará.

Mudança de tom. Por experiência própria, tenho observado que, no seu trato com autores a quem a fortuna, o destino ou a má sorte não permitiram a graça de um título académico, mas que, não obstante, foram capazes de produzir obra merecedora de algum estudo, a atitude das universidades costuma ser de uma benévola e sorridente tolerância, muito parecida com a que as pessoas razoavelmente sensíveis costumam usar na sua relação com as crianças e os velhos, com uns porque ainda não sabem, com os outros porque já se esqueceram. É graças a tão generoso procedimento que os professores de literatura, em geral, e os de teoria da literatura, em particular, têm acolhido com simpática condescendência — sem que por isso se deixem abalar nas suas convicções pessoais e científicas — a minha ousada declaração de que a figura do narrador não existe de facto, e que só o autor — repito, só o autor — exerce real função na obra de ficção, qualquer que ela seja, romance, conto ou teatro (onde está o narrador numa obra teatral?), e quem sabe até se na própria poesia, que, tanto quanto sou capaz de entender, representa a ficção suprema, a ficção das ficções. Procurando auxílio numa duvidosa ou, pelo menos, problemática correspondência das artes, argumento, em minha defesa, que entre uma pintura e a pessoa que a observa não há outra mediação que não seja a do respetivo autor ausente, e que, portanto, não é possível identificar ou sequer imaginar, por exemplo, a figura de um narrador na *Guernica* ou nos *Fuzilamentos de la Moncloa*. A esta objeção respondem-me geralmente que, sendo as artes da pintura e da escrita diferentes, diferentes teriam de ser também, necessariamente, as regras que as definem e as leis que as governam. Tão perentória resposta parece querer ignorar o facto, em meu entender fundamental, de que não há, objetivamente, nenhuma essencial diferença entre a mão que guia o pincel ou o vaporizador sobre a tela, e a mão que desenha as letras no papel ou as faz aparecer no ecrã do computador. Ambas são prolongamentos de um cérebro, ambas são instrumentos mecânicos e sensitivos capazes, com adestramento e eficácia semelhantes, de composições e ordenações expressivas, sem mais barreiras ou intermediários que os da fisiologia e da psicologia.

    Nesta minha contestação do narrador, claro está, não vou ao ponto de negar que a figura de uma entidade assim denominada possa ser exemplificada e apontada no texto, ao menos, digo-o com o devido respeito, segundo uma lógica bastante similar à das provas definitivas da existência de Deus formuladas por santo Anselmo... Aceito, até, a probabilidade de variantes ou desdobramentos de um suposto narrador central, com o encargo de expressarem uma pluralidade de pontos de vista e de juízos considerados, pelo autor, úteis à dialética dos conflitos. A pergunta que me faço é se a atenção obsessiva prestada pelos analistas de texto a tão escorregadias entidades, propiciadora, sem dúvida, de substanciosas e gratificantes especulações teóricas, não estará a contribuir para a redução do autor e do seu pensamento a um papel de perigosa secundaridade na compreensão complexiva da obra. Aclararei que quando falo de pensamento não estou a esquecer dele os sentimentos e as sensações, as imagens e os sonhos, todas as vidências do mundo exterior e do mundo interior, sem os quais o pensamento se tornaria, quiçá, em puro pensar inoperante.

    Abandonando desde agora qualquer precaução retórica, o que estou assumindo aqui, afinal, são as minhas próprias dúvidas e perplexidades sobre a identidade real da voz narradora que veicula, tanto nos livros que tenho escrito quanto nos que li até hoje, aquilo que derradeiramente creio ser, caso por caso, e quaisquer que sejam as técnicas empregadas, o pensamento do autor, o seu próprio, pessoal (até onde é possível sê-lo), ou, acompanhando-o, misturando-se com ele, informando-o e conformando-o, os pensamentos alheios, históricos ou contemporâneos, deliberadamente ou inconscientemente tomados de empréstimo para satisfação das necessidades da narração. E também me pergunto se a resignação ou a indiferença com que o autor, hoje, parece aceitar a "usurpação", por um narrador academicamente abençoado, da matéria, da circunstância e do espaço narrativos que em tempos anteriores lhe eram exclusiva e inapelavelmente imputados, não será, no fim de contas, uma expressão, mais ou menos assumida, de um certo grau de abdicação, certamente não só literária, de responsabilidades que lhe seriam próprias.

Quem lê, lê para quê? Para encontrar, ou para encontrar-se? Quando o leitor assoma à entrada de um livro, é para conhecê-lo, ou para se reconhecer a si mesmo nele? Quer o leitor que a leitura seja uma viagem de descobridor pelo mundo do poeta (designo agora por poesia, se mo permitem, todo o trabalho literário), ou, sem o querer confessar, suspeita que essa viagem não será mais do que um simples pisar novo das suas próprias e conhecidas veredas? Não serão o escritor e o leitor como dois mapas de estradas de países ou regiões diferentes que, ao sobreporem-se, tornados até certo ponto, um e outro, transparentes pela leitura, se limitam a coincidir algumas vezes em troços mais ou menos longos de caminho, deixando, inacessíveis e secretos, espaços não comunicantes, por onde apenas circularão, sozinhos, sem companhia, o escritor na sua escrita, o leitor na sua leitura? Mais concisamente: que compreendemos nós, de facto, quando procuramos apreender, outra vez em sentido lato, a palavra e o espírito poéticos?

É comum dizer-se que nenhuma palavra é poética por si mesma, e que são as outras palavras, quer as próximas quer as distantes, que, sob intenção, mas igualmente de modo inesperado, podem torná-la poética. Significa isto que, a par do exercício voluntarista da elaboração literária, durante a qual se buscam a frio efeitos novos ou se tenta disfarçar a excessiva presença dos antigos, existe também, e esse será a melhor sorte de quem escreve, um aparecer repentino, um situar-se natural de palavras, atraídas umas pelas outras como as diferentes toalhas de água, provindas de ondas e energias diferentes, se alargam, fluindo e refluindo, na areia lisa da praia. Não é difícil, em qualquer página escrita, seja de poesia, seja de prosa, encontrar sinais dessas duas presenças: a expressão lograda que resultou do uso consciente e metódico dos recursos de uma sabedoria oficinal, e a expressão não menos lograda de quem, não tendo embora abdicado daqueles recursos, se viu surpreendido por uma súbita e feliz composição formal, como um cristal que tivesse reunido na perfeição da sua estrela umas quantas moléculas de água — e só essas.

Que fazemos, os que escrevemos? Nada mais que contar histórias. Contamos histórias os romancistas, contamos histórias os dramaturgos, contamos também histórias os poetas, contam-nas igualmente aqueles que não são, e não virão a ser nunca, poetas, dramaturgos ou romancistas. Mesmo o simples pensar e o simples falar quotidianos são já uma história. As palavras proferidas, e as apenas pensadas, desde que nos levantamos da cama, pela manhã, até que a ela regressamos, chegada a noite, sem esquecer as do sonho e as que o sonho tentarem descrever, constituem uma história com uma coerência interna própria, contínua ou fragmentada, e poderão, como tal, em qualquer momento, ser organizadas e articuladas em história escrita.

    O escritor, esse, tudo quanto escrever, desde a primeira palavra, desde a primeira linha, será em obediência a uma intenção, às vezes clara, às vezes obscura — porém, de certo modo, sempre discernível e mais ou menos patente, no sentido de que está obrigado, em todos os casos, a facultar ao leitor, passo a passo, dados cognitivos comuns a ambos, para que esse leitor possa chegar a algo que, tendo querido parecer novo, diferente, original talvez, era afinal *conhecido* porque, sucessivamente, ia sendo *reconhecível*. O escritor de histórias, manifestas ou disfarçadas, é um exemplo de mistificador: conta histórias para que as recebam como críveis e duradouras, apesar de saber que elas não são mais do que umas quantas palavras suspensas naquilo a que eu chamaria o instável equilíbrio do fingimento, palavras frágeis, permanentemente assustadas pela atração de um não sentido que as empurra para o caos, para fora dos códigos cuja chave, a cada momento, ameaça perder-se.

Não esqueçamos, porém, que assim como as verdades puras não existem, também as puras falsidades não podem existir. Porque se é certo que toda a verdade leva consigo, inevitavelmente, uma parcela de falsidade, que mais não seja por insuficiência expressiva das palavras, também certo é que nenhuma falsidade chegará a ser tão radical que não veicule, mesmo contra as intenções do embusteiro, uma parcela de verdade. A mentira conterá, pois, duas verdades: a própria sua, elementar, isto é, a verdade da sua própria contradição (a verdade está oculta nas palavras que a negam), e a outra verdade de que, sem o querer, se tornou veículo, comporte ou não esta nova verdade, por sua vez, uma parcela de mentira.

De fingimentos de verdade e de verdades de fingimento se fazem, pois, as histórias. Contudo, em minha opinião, e a despeito do que, no texto, se apresenta como evidência material, a história que ao leitor mais deverá interessar não é a que, liminarmente, lhe vai ser proposta pela narrativa. Qualquer ficção (para falar agora apenas do que me está mais próximo) não está formada somente por personagens, conflitos, situações, lances, peripécias, surpresas, efeitos de estilo, exibições ginásticas de técnica narrativa — uma ficção é (como toda a obra de arte) a expressão mais ambiciosa de uma parcela identificada da humanidade, isto é, o seu autor. Pergunto-me, até, se o que determina o leitor a ler não será ainda a esperança de descobrir no interior do livro — mais do que a história que lhe será contada — a pessoa invisível, mas omnipresente, do autor. Tal como creio entender, o romance é uma máscara que esconde e ao mesmo tempo revela os traços do romancista. Provavelmente (digo provavelmente), o leitor não lê o romance, lê o romancista.

Com isto não pretenderei propor ao leitor que se entregue, durante a leitura, a um trabalho de detetive ou de antropólogo, procurando pistas ou removendo camadas geológicas, ao cabo e ao fundo das quais, como um culpado ou uma vítima, ou como um fóssil, se encontraria escondido o autor... Muito pelo contrário: o que digo é que o autor está no livro todo, que o autor é todo o livro, mesmo quando o livro não conseguiu ser todo o autor. Na verdade, não creio que tenha sido simplesmente para chocar a sociedade do seu tempo que Gustave Flaubert declarou que Madame Bovary era ele próprio. Parece-me, até, que, ao dizê-lo, não fez mais do que arrombar uma porta desde sempre aberta. Sem querer faltar ao respeito devido ao autor de *L'Éducation sentimentale*, poderia mesmo dizer que uma tal afirmação não peca por excesso, mas sim por defeito: Flaubert esqueceu-se de dizer-nos que ele era também o marido e os amantes de Emma Bovary, que era a casa e a rua, que era a cidade e todos quanto, de todas as condições e idades, nela viviam, casa, rua e cidades reais ou imaginadas, tanto faz. Porque a imagem e o espírito, e o sangue e a carne de tudo isto, tiveram de passar, inteiros, por uma única pessoa: Gustave

Flaubert, isto é, o autor, o homem, a pessoa. Também, ainda que sendo tão pouca coisa em comparação, eu sou a Blimunda e o Baltasar do *Memorial do convento*, e em *O Evangelho segundo Jesus Cristo* não sou apenas Jesus e Maria Madalena, ou José e Maria, porque sou também o Deus e o Diabo que lá estão...

O que o autor vai narrando nos seus livros é, tão somente, a sua história pessoal. Não o relato da sua vida, não a sua biografia linearmente contada, quantas vezes anódina, quantas vezes desinteressante, mas uma outra, a vida labiríntica, a vida profunda, aquela que dificilmente ele ousaria ou saberia contar com o seu próprio nome. Talvez porque o que há de grande no ser humano seja demasiado grande para caber nas palavras com que a si mesmo se define e nas sucessivas figuras de si mesmo que lhe povoam um passado que não é apenas seu, e que por isso lhe escapará de cada vez que tentar isolá-lo ou isolar-se nele. Talvez, também, porque aquilo em que somos mesquinhos e pequenos é a tal ponto comum que nada de muito novo poderia ensinar a esse outro ser pequeno e grande que é o leitor.

Finalmente, talvez seja por algumas destas razões que certos autores, entre os quais me incluo, privilegiam, nas histórias que contam, não a história do que viveram ou vivem (fugindo assim às armadilhas do confessionalismo literário), mas a história da sua própria memória, com as suas exatidões, os seus desfalecimentos, as suas mentiras que também são verdades, as suas verdades que não podem impedir-se de ser também mentiras. Bem vistas as coisas, sou só a memória que tenho, e essa é a única história que quero contar. Omniscientemente.

Quanto ao narrador, se depois disto ainda houver quem o defenda, que poderá ele ser senão a mais insignificante personagem de uma história que não é a sua?

22 de setembro

<u>Descubramo-nos uns aos outros</u>*

Não devem esperar grande alarde de um simples escritor de romances como eu: embora não me sejam totalmente alheias as virtudes da ironia e do humor, não me parece que o assunto que aqui nos reúne se preste a exibições dessa natureza, a não ser que nos refiramos ao tipo de humor e ironia — de todos, indubitavelmente, o mais saudável — que consiste em se ser simultaneamente sujeito e objeto do mesmo.

Os manuais do orador perfeito, de cuja existência real não estou completamente certo (apesar de não deverem ter escapado à imaginação dos autores e à perspicácia dos editores, empenhados, uns e outros, em facilitar-nos a vida), devem com certeza ter em conta duas grandes maneiras de abordar uma intervenção: a primeira é a surpreendente, que quase não dá tempo aos assistentes para se acomodarem nas cadeiras, rapidamente atordoados pela veemência do discurso, pela

---

* Conferência pronunciada no Congresso Ibero-Americano de Filosofia, Cáceres, 22 de setembro de 1998. Trata-se de uma transcrição da conferência, parte lida, parte improvisada, a partir de notas manuscritas. (N. E.)

profundidade dos conceitos ou por aquilo que, atualmente, alguns denominam "comunicação agressiva"; a segunda maneira, pelo contrário, não tem pressa: entra em cena dando pequenos passos e avança com minúsculas aproximações; é o estilo daqueles que, cientes de que a espécie humana está condenada a falar até ao fim dos tempos, desejam que a sua voz não se ausente demasiado cedo do concerto universal e, por isso, vão simulando a inexistência de razões para pressas. Sendo sabido que, nos meus romances, me inclino para desenvolver uma escrita narrativa de tipo pausado e minucioso, não é de estranhar que, chegado o momento de falar, comece por descrever o bosque em geral e só depois examine, uma a uma — até onde o conhecimento mo permitir —, as espécies vegetais.

Para o assunto que aqui nos reúne, descobrirmo-nos mutuamente, pensei ser apropriado citar um livro que trata de navegações — é certo que insólitas — e de rumos — é certo que imprecisos —, para me ajudar a conduzir a um porto de abrigo a nave que é este texto. Refiro-me, como alguns dos presentes terão já adivinhado, ao romance intitulado *A jangada de pedra* que, se não deu a volta ao mundo, conseguiu perturbar algumas mentes europeias, excessivamente suscetíveis, que pretenderam ver nele, para além da ficção que é, um documento de protesto e de rejeição contra a Europa comunitária. Confesso que alguma perturbação dessa natureza afetou o autor do livro que, de tanto se enredar nas correntes da marítima história que ia narrando, chegou ao extremo de se imaginar marinheiro da fantástica embarcação de pedra em que transformara a península Ibérica, flutuando impávida sobre as águas do Atlântico, rumo ao Sul e às novas utopias. A alegoria é absolutamente transparente: embora aproveitando e desenvolvendo, ficcionalmente, algumas semelhanças com as razões que levam os emigrantes a viajarem para terras estrangeiras, procurando por lá ganhar o seu sustento, há neste caso uma diferença substancial e definitiva: a de, na inaudita navegação, viajarem comigo, o meu próprio país e — para não deixar amputada a península — toda a Espanha, ironicamente separada de Gibraltar e deixando agarradas ao fundo do mar, muito firmes, as ilhas Baleares e as ilhas Canárias. As mesmas Canárias onde hoje vivo e para onde nunca imaginei que as circunstâncias da vida acabariam por me trazer.

O romance *A jangada de pedra* é, todo ele, da primeira à última página, a consequência literária de um ressentimento histórico pessoalmente assumido. Embora os portugueses — colocados, por mero acaso geográfico, na extremidade ocidental do continente europeu — tenham, juntamente com os espanhóis, levado, para o bem e para o mal, o nome e o espírito da Europa a outras partes do mundo, eles ficaram depois à margem da história. É nossa, refiro-me a Portugal, uma boa parte da responsabilidade dessa espécie de exílio nacional daquilo a que se resolveu chamar a "casa comum europeia", mas a autoflagelação que nos caracteriza não deve votar ao esquecimento o desdém e a arrogância de que nos deram copiosas provas as potências europeias ao longo dos últimos quatro séculos. Começando, que fique claro, pelo mais antigo amigo de Portugal, a Grã-Bretanha, que, até muito recentemente, considerava qualquer tentativa de aproximação e conciliação de interesses entre os estados peninsulares uma potencial ameaça para os seus próprios e imperiais interesses.

    Quando digo que levámos o espírito da Europa a regiões desconhecidas do mundo, não pretendo entoar as habituais aleluias, o vulgar canto de enaltecimento das culturas e da civilização europeias. Não vos vou cansar, repetindo o interminável catálogo das maravilhas europeias, desde os gregos até aos nossos dias. Sabemos, sobejamente, que a Europa é mãe ubérrima de culturas, farol inextinguível de civilização, local onde podia instituir-se o modelo humano que mais próximo está, suponho eu, do protótipo que Deus teria em mente quando colocou no paraíso o primeiro exemplar da nossa espécie. É assim, desta maneira idealizada, que os europeus se contemplam a si mesmos: "Eu sou a coisa mais bela, a mais inteligente, a mais sábia, a mais culta e civilizada que a terra produziu até este momento".

    Perante a benévola imagem com que os europeus costumam envolver a sua presunção, e em contrapartida à mesma, seria agora a altura de descrever a relação — certamente não menos extensa — de desastres e horrores da Europa, o que acabaria por nos conduzir à deprimente conclusão de que a árdua batalha celeste, poeticamente descrita por Milton no seu *Paraíso perdido*, entre os anjos rebelados e os anjos obedientes, foi ganha por Lúcifer, e que o único habitante do paraíso teria sido a serpente, encarnação tangível do mal e representação gráfica do mesmo, que não precisou de macho nem de fêmea, pois macho era, para proliferar em número e qualidade. Contudo, não faremos essa enumeração, tal como antes não fizemos o catálogo das maravilhas.

É claro que, desde um ponto de vista abstrato, a Europa não tem mais culpas no cartório da história do que qualquer outra região do mundo em que, ontem e hoje, por todos os meios, se disputaram ou se disputam o poder e a hegemonia, mas a ética — que deveria ser aplicada como manda o senso comum, ou seja, para cada caso social concreto — é a menos abstrata de todas as coisas e, embora sujeita a critérios espaciotemporais, permanece sempre como uma presença calada e rigorosa que, com o seu olhar fixo, pede contas todos os dias. A Europa deveria apresentar perante o tribunal da consciência mundial, caso isso existisse, o balanço da sua gestão histórica (perdão por esta gíria de burocrata), para não perpetuar o seu maior pecado e a sua maior perversão, que sempre foi a existência de duas Europas, uma central, outra periférica, com o consequente lastro de injustiças, discriminações e ressentimentos. Uma responsabilidade que a nova Europa comunitária parece não querer assumir, essa trama de preconceitos e de opiniões formadas em que constantemente nos enredamos e paralisamos e que deforma até a mais sincera vontade de diálogo e colaboração. Não me refiro às guerras, às invasões, aos genocídios, às eliminações étnicas seletivas, que não caberiam num discurso como este. Refiro-me, sim, à ofensa grosseira — que ultrapassa a malformação congénita a que denominamos eurocentrismo —, ao comportamento aberrante que consiste numa Europa eurocêntrica em relação a si própria: para os Estados europeus mais ricos — que, se acreditarmos na sua opinião narcisista, se consideram culturalmente superiores —, o resto do continente continua a ser algo mais ou menos vago e difuso — um tanto exótico, um tanto pitoresco, merecedor, quando muito, do interesse de antropólogos e arqueólogos — com que, apesar de tudo, contando com as adequadas colaborações locais, ainda se podem fazer alguns bons negócios.

Ora bem, penso que não haverá uma Europa nova se esta que temos não se institui decididamente como uma entidade moral. Também não haverá uma Europa nova enquanto não forem abolidos os egoísmos nacionais e regionais, reflexos defensivos de um suposto predomínio ou subordinação de umas culturas sobre as outras. Tenho presente, claro está, a importância dos fatores económicos, políticos e militares na formação das estratégias globais, mas sendo eu, por sorte ou por azar, homem de livros, é meu dever recordar que as hegemonias culturais do nosso tempo resultam, essencialmente, de um duplo e cumulativo processo de exibição do que é próprio e de encobrimento do que é alheio, e que esse processo teve a arte de se impor ao longo do tempo como inevitável, muitas vezes favorecido pela resignação, quando não pela cumplicidade das próprias vítimas. Nenhum país, por mais rico e poderoso que seja, deveria atribuir-se uma voz mais alta que os outros. E já que falamos de culturas, também direi que nenhum país, grupo, tratado ou pacto entre países tem o direito de se advogar mentor ou guia cultural dos restantes. As culturas não devem ser consideradas mais ricas ou mais pobres, pois todas elas são simplesmente culturas. Deste ponto de vista, entreajudam-se umas às outras, sendo através do diálogo sobre o que qualitativa e quantitativamente as distingue que se justificam mutuamente. Não existe, e espero que nunca venha a existir por ser contrária à pluralidade do espírito humano, uma cultura universal. A Terra é única, o ser humano, não. Cada cultura é, por si só, um universo potencialmente comunicante e recetivo: o espaço que as separa é o mesmo que as une, como o mar separa e une os continentes.

Na desavinda casa europeia, as dificuldades de relação entre os povos foram e continuam a ser o mais sério dos problemas que teremos de resolver, se quisermos alcançar um entendimento que permita que a vida na Europa seja diferente do que tem sido sempre — uma luta obsessiva pela riqueza e pelo poder. Se isto é assim, que dizer da relação da Europa no seu conjunto com os povos que, a partir do século xv, entraram, forçosa ou voluntariamente, no processo geral de alargamento e conhecimento do mundo, iniciado com os descobrimentos e as conquistas?

Na verdade, desde que, em 1492, Colombo pisou terras americanas, pensando que chegara à Índia, e que, em 1500, Álvares Cabral por acaso ou intencionalmente encontrou o Brasil, foram várias, mas nunca contraditórias, as imagens que a Europa foi recebendo desse novo mundo, incompreensível em muitos aspetos, mas, tal como a história acabou por demonstrar, bastante dúctil e maleável — quer pela violência das armas, quer pela persuasão religiosa — para os interesses materiais e as conveniências ideológicas daqueles que, tendo começado por ser descobridores — alguém tem sempre que descobrir e alguém tem sempre de ser descoberto —, passaram rapidamente a ser exploradores. O soldado e o padre que pisaram as novas terras descobertas levavam diferentes armas para combate: um brandia a espada, o outro impunha a cruz. Não tendo usado os mesmos meios, coincidiram, sem dúvida, nos fins, no objetivo de dominação: o das almas transportadas pelos corpos, o dos corpos animados pelas almas. Por uma dádiva suplementar do Criador — que me seja permitida a melancólica ironia —, o ouro e os diamantes tornaram a empresa da evangelização mais atraente e lucrativa. Perante tantas maravilhas, pouco significavam as devastações, os genocídios e os saques, e menos ainda para as consciências da época que defendiam, sobre todas as coisas, os interesses de Deus e da Coroa — justificados, em caso de dúvida, por adequadas razões de fé e de Estado —, além dos seus próprios interesses individuais, sempre humanamente legitimados. Salvaguardando um ou outro escrúpulo moral, sempre possível na problemática natureza humana, quis o acaso e a Providência que, no momento oportuno, viessem ao mundo um Bartolomeu de las Casas e um António Vieira para os índios poderem ter, em Espanha e Portugal, os seus defensores — é certo que oficiosos — contra as piores arbitrariedades e as mais escandalosas extorsões a que eram submetidos.

    Os tempos foram mudando, a história aperfeiçoou os seus métodos. De acordo com os interesses nacionais, cada país europeu olhou para o continente americano à sua própria e interessada maneira e, desse modo particular de olhar, pretendeu invariavelmente tirar algum proveito, mesmo quando foi necessário assumir, durante o tempo conveniente, a imagem e a aparência de um libertador.

    Chegados aqui, espero que comece a entender-se o título, aparentemente conciliador, "Descubramo-nos uns aos outros". Quero esclarecer que não tenho por objetivo, nem direta nem metaforicamente — com um oportunismo que, no melhor dos casos, seria anacrónico —, apaziguar a polémica palavra *descobrimento* com os diplomáticos e vãos concertos de última hora que pretendem substituí-la — através de uma simulação que nem as boas intenções conseguiram justificar — por expressões aparentemente mais consensuais, como *encontro de povos* e *diálogo de culturas*. Quer pela minha maneira de ser, quer pela formação que recebi, tenho procurado não cair na tentação — fácil — de acrescentar à realidade conceitos que não correspondam ao grau de exatidão (sempre relativo, ai de mim) que, apesar das conhecidas fraquezas do espírito humano em geral e do meu em particular, nos permite evitar excessivas perversões de pensamento. Quero com isto dizer que, se há alguns a quem a palavra descobrimento não agrada (coisa, que, tendo direito, não chega para alterar a evidência histórica), a outros, portugueses ou espanhóis, o facto de chamarem diálogo de culturas e encontro de povos àquilo que outrora foi violência, pilhagem e conquista, não os absolve.

    Aproveitando a ocasião, podia introduzir no meu discurso o rol — segundo rezam as crónicas — dos mil e um feitos levados a cabo pelos espanhóis contra os povos do Novo Mundo, e que ninguém, por mais explicações que invente, jamais conseguirá justificar. Não o farei: o bom conselheiro refrão adverte que não deverá atirar pedras ao telhado do vizinho quem de vidro tenha o de sua casa. Por isso, renuncio a tomar como alvo da minha pontaria os telhados do vizinho peninsular e ponho os olhos nos meus próprios e frágeis tetos. Numa carta datada de 20 de abril de 1657, o nosso padre António Vieira, já antes citado, escrevia do Brasil ao rei d. Afonso VI de Portugal: "As injustiças e as tiranias inflingidas aos naturais destas terras excedem em muito as cometidas em África. No espaço de quarenta anos, foram mortos mais de 2 milhões de índios e destruídas, na costa e desertos, mais de quinhentas povoações e grandes cidades, e para isto nunca se viu castigo". Não citarei mais, não procurarei mais fontes: através desta simples telha partida, entra o furacão das atrocidades portuguesas, tão destruidor como o que gerou o enredo da Leyenda Negra da colonização espanhola, ficando portugueses e espanhóis unidos a todos os povos que, desde o princípio da história, exerceram domínio violento e intolerante sobre outros povos.

    Nenhum dos nossos países levou as nossas culturas a um diálogo com outras culturas, todos corromperam as que encontraram e, no caso dos povos incas, maias e astecas, destruíram as civilizações que lhes tinham dado origem e eram o seu sustento. Desta culpa acrescentada — destruição de civilizações —, estamos nós, os portugueses, isentos, mas só por mero acaso, porque os "nossos" índios, os do Brasil, se encontravam, em todos os aspetos, num nível de desenvolvimento inferior. Não aceitaremos que nos condenem como se fôssemos os maiores criminosos da história, mas não procuraremos absolvição a qualquer custo. Por outro lado, erguer um monumento às vítimas da invasão europeia de 1492 — como fez ou pretendeu fazer o digno presidente da câmara de Puerto Real, em Espanha —, demonstra uma ingenuidade filosófica completamente à margem das realidades históricas e parece ignorar que os responsáveis pela invasão económica e pela ocupação política de que são vítimas — hoje e não ontem, hoje e não há cinco séculos — os povos da América Latina, não se chamam nem Colombo nem Cabral, usando sim nomes e apelidos de inconfundível sotaque anglo-saxónico. Digamos também, se persistirmos na ideia de uma justiça póstuma e inócua, que não teremos outro remédio senão cobrir a terra inteira de monumentos dedicados às vítimas de invasões, porque, como bem sabemos, o mundo, desde que é mundo, não tem feito outra coisa para além de invadir o mundo inteiro…

Ora bem, o que pretendo dizer nesta intervenção (as exceções, se é que existem, neste caso não contam, pois não conseguiram, nem conseguirão, contrariar a regra), repito, o que pretendo dizer é que a descoberta do outro significa quase sempre o nascimento de várias expressões de intolerância — desde o repúdio pelas mais simples diferenças, até às manifestações mais extremas de xenofobia e racismo — muito mais no espírito do descobridor do que no espírito do descoberto. Depois de tantas provas dadas, a intolerância já se nos apresenta como uma expressão tragicamente configuradora da espécie humana e dela inseparável, tendo provavelmente raízes tão antigas como o instante do primeiro encontro entre uma horda de pitecantropos brancos e uma horda de pitecantropos negros... Não nos enganemos a nós próprios: no dia em que Cabral e Colombo pisaram terras novamente descobertas, aquilo que despertou violentamente dentro deles e de quantos os acompanhavam foi, mais uma vez, o demónio da intolerância, a dificuldade em aceitar e reconhecer o outro com todas as suas diferenças e, o que é pior, a recusa de admitir que a razão do outro podia prevalecer racionalmente sobre a nossa e que o espírito do outro poderia eventualmente alcançar, pelos seus próprios meios, uma plenitude igual ou superior àquela a que, supomos nós, chegou o nosso. Descobrimos o outro e, de passagem, rejeitamo-lo. Tal como Macbeth afirmou que não bastaria toda a água do imenso oceano de Neptuno para lavar o sangue das suas mãos, também não haverá dialética nem sofística capazes de encobrir ou disfarçar a intolerância que transportamos na massa do nosso próprio sangue.

 Certamente, aqueles que, por inclinação pessoal ou por formação, tiveram a oportunidade de beber do manancial das humanidades e aprenderam à custa das suas próprias fraquezas a árdua lição das imperfeições e das vulgaridades humanas, esses conseguem opor-se, de uma forma que eu diria culturalmente espontânea, a qualquer comportamento intolerante, seja ele baseado na origem e nos fundamentos de raça, fronteira, cor, casta ou religião. Sem esquecer que as classes sociais, pela sua estrutura piramidal e consequentes contradições internas de poder e de dominação, reproduzem e desenvolvem, na mecânica dos seus conflitos, comportamentos intolerantes muito semelhantes. Entre nós, quantas vezes o negro tem a pele branca, e o muçulmano é o cristão cumpridor que, mesmo tendo sido batizado e confirmado e que regularmente se confesse e comungue, não deixa de pertencer a outra Igreja social...

Todos os protestos, todos os clamores, todas as proclamações contra a intolerância são justas e necessárias, mas a experiência de tantas expectativas defraudadas e de tantas esperanças aniquiladas aconselha a moderação da nossa satisfação sempre que, em consequência dessas ou de outras ações, a intolerância detenha o seu avanço e, inclusivamente, recue ocasionalmente, à espera — deveríamos saber — de tempos mais propícios. Praticamente todas as causas da intolerância estão identificadas, desde as proposições políticas com objetivos finais de apropriação territorial — que apresentam como pretexto supostas purezas étnicas e não hesitam em adornar-se com as neblinas do mito — até à crise económica e à pressão demográfica que, dispensando justificações alheias à sua própria necessidade, também não as desdenham quando, num momento agudo dessas mesmas crises, se considera conveniente a utilização tática de potenciadores ideológicos. Esses potenciadores, por seu lado, numa segunda fase, podem transformar-se em móbil estratégico autossuficiente.

Infelizmente, como se os acontecimentos anteriores, de natureza e consequências semelhantes, tivessem sucedido num planeta sem comunicação com o nosso, os gérmenes de intolerância, independentemente da sua origem histórica e causas imediatas, encontram facilitadas as operações de corrupção das consciências entorpecidas por egoísmos pessoais ou de classe, eticamente diminuídas, paralisadas pelo temor cobarde de parecerem pouco patrióticas ou pouco crentes perante a insolente e agressiva propaganda racista ou confessional que, a pouco e pouco, vai despertando a fera adormecida dentro de cada um de nós, até surgir a intolerância, a violência, o crime. Nada disto deveria surpreender-nos. Contudo, com uma ingenuidade desconcertante, possivelmente desprovida de cinismo, mas igualmente nociva, eis-nos aqui perguntando-nos — mais uma vez — como é possível o flagelo, que considerávamos extinto para sempre, ter regressado, e em que mundo terrível continuamos a viver, se acreditávamos termos evoluído do ponto de vista da civilização, da cultura e dos direitos humanos.

Que esta civilização — e não me refiro apenas à que, de um modo simplista, denominamos ocidental — está a chegar ao seu fim, parece ser uma questão indiscutível para o mundo inteiro. É evidente que por entre os escombros dos regimes desmoronados ou em vias de desmoronamento — socialismos pervertidos e capitalismos perversos — começam a esboçar-se os conflitos de sempre, às apalpadelas e com hesitações, recomposições de velhos materiais renovados pela lógica de ferro da interdependência económica e da globalização da informação. Menos evidente, por pertencer ao território daquilo que denominaria, metaforicamente, "ondulações profundas do espírito humano", é a identificação, na circulação das ideias, de um impulso que aponta para um novo equilíbrio, para uma reorganização de valores que deveria representar uma redefinição racional e sensível dos velhos ditames humanos, tão pouco apreciados nos nossos dias. Assim, ficaria colocada, ao lado da Carta dos Direitos Humanos, a Carta dos seus Deveres, ambas indeclináveis e imperiosas, e ambas, no mesmo plano, legitimamente apeláveis. Não se podia exigir a Colombo e a Cabral que pensassem nestas coisas, mas nós não podemos ignorá-las.

É hora de terminar. Entretanto, a jangada de pedra navegou mais algumas milhas para Sul. A rota terminará algures no Atlântico, num ponto situado entre a África e a América. Como nova ilha, aí se deterá. Transportou os povos da península herdeiros dos antigos descobridores, conduziu-os ao re-encontro com as raízes por outros anteriormente plantadas — as árvores europeias transformadas em florestas americanas —, e se, tal como proponho nesta conversa, descobrir o outro significará sempre descobrir-se a si próprio, esclareço que o meu desejo ao escrever este livro foi que uma nova descoberta, um encontro com os povos ibero-americanos e ibero-africanos digno desse nome, permitisse descobrir em nós, ibéricos, capacidades e energias com sinal contrário aos que fizeram do nosso passado de colonizadores um terrível fardo na consciência.

Escrevendo sobre *A jangada de pedra*, Ernest Lluch, um político catalão, sugeriu que o meu pensamento profundo não seria separar a península Ibérica da Europa, mas sim transformá-la num reboque que transportasse a Europa para o Sul, afastando-a das obsessões triunfalistas do Norte e tornando-a solidária com os povos explorados do Terceiro

Mundo. É bonita a ideia, mas, na verdade, não me atreveria a pedir tanto. Seria suficiente que Espanha e Portugal, sem deixarem de ser Europa, descobrissem em si próprios, por fim, a vocação do Sul que têm reprimida, possivelmente em consequência de um remordimento histórico que nenhum jogo de palavras poderá apagar e que só ações positivas poderão tornar suportável algum dia. O tempo dos descobrimentos acabou. Continuemos, pois, descobrindo-nos uns aos outros, continuemos descobrindo-nos a nós próprios.

*26 de setembro**

Um ou outro domingo, pela tarde, as mulheres desciam à Baixa para ver as montras. Geralmente iam por seu pé, alguma vez tomariam o carro elétrico, que era o pior que me podia suceder nessa idade, porque não tardava a enjoar com o cheiro lá de dentro, uma atmosfera requentada, quase fétida, que me revolvia o estômago e em poucos minutos me punha a vomitar. Neste particular fui uma criança delicada. Com a passagem do tempo esta intolerância olfativa (não sei que outro nome lhe poderei dar) foi diminuindo, mas o certo é que, durante anos, bastava-me entrar num carro elétrico para sentir a cabeça a andar à roda. Fosse qual fosse o motivo, pena de mim ou vontade de alegrar as pernas, naquele domingo descemos a pé desde a rua Fernão Lopes minha mãe, a Conceição, creio que

---

* Texto posteriormente incluído em *As pequenas memórias*. (N. E.)

também Emília, e eu, pela avenida Fontes Pereira de Melo, logo a avenida da Liberdade, e finalmente subimos ao Chiado que era onde se mostravam os tesouros mais apreciados de Ali Babá. Não me lembro das montras, nem é para falar delas que estou aqui, assuntos mais sérios me ocupam neste momento. Junto a uma das portas dos Armazéns Grandella havia um homem a vender balões, e, fosse por tê-lo eu pedido (do que duvido muito, porque só quem espera que se lhe dê é que se arrisca a pedir), fosse porque minha mãe tivesse querido, excecionalmente, fazer-me um carinho público, um daqueles balões passou às minhas mãos. Não me lembro se ele era verde ou vermelho, amarelo ou azul, ou branco simplesmente. O que depois se passou iria apagar para sempre da minha memória a cor que deveria ter-me ficado pegada aos olhos para sempre, uma vez que aquele era nada mais nada menos que o meu primeiro balão em todos os seis ou sete anos que levava de vida. Íamos nós no Rossio, já de regresso a casa, eu impante como se conduzisse pelos ares, atado a um cordel, o mundo inteiro, quando, de repente, ouvi que alguém se ria nas minhas costas. Olhei e vi. O balão esvaziara-se, tinha vindo a arrastá-lo pelo chão sem me dar conta, era uma coisa suja, enrugada, informe, e dois homens que vinham atrás riam-se e apontavam-me com o dedo, a mim, naquela ocasião o mais ridículo dos espécimes humanos. Nem sequer chorei. Deixei cair o cordel, agarrei-me ao braço da minha mãe como se fosse uma tábua de salvação e continuei a andar. Aquela coisa suja, enrugada e informe era realmente o mundo.

Obras do autor publicadas pela Companhia das Letras

Alabardas, alabardas, espingardas, espingardas (com ilustrações de Günter Grass)
O ano da morte de Ricardo Reis
O ano de 1993
A bagagem do viajante
O caderno
Cadernos de Lanzarote
Cadernos de Lanzarote II
Caim
Claraboia
A caverna
Com o mar por meio: Uma amizade em cartas (com Jorge Amado)
O conto da ilha desconhecida
Don Giovanni ou O dissoluto absolvido
Ensaio sobre a cegueira
Ensaio sobre a lucidez
O Evangelho segundo Jesus Cristo
História do cerco de Lisboa
O homem duplicado
In nomine Dei

As intermitências da morte
A jangada de pedra
O lagarto (com xilogravuras de J. Borges)
Levantado do chão
A maior flor do mundo
Manual de pintura e caligrafia
Memorial do convento
Objeto quase
As pequenas memórias
Que farei com este livro?
Todos os nomes
Último caderno de Lanzarote — O diário do ano do Nobel
Viagem a Portugal
A viagem do elefante

ESTA OBRA FOI COMPOSTA POR OSMANE GARCIA FILHO EM FREIGHT TEXT
E IMPRESSA PELA GEOGRÁFICA EM OFSETE SOBRE PAPEL PÓLEN SOFT DA
SUZANO PAPEL E CELULOSE PARA A EDITORA SCHWARCZ EM DEZEMBRO DE 2018

A marca FSC® é a garantia de que a madeira utilizada na fabricação do papel deste livro provém de florestas que foram gerenciadas de maneira ambientalmente correta, socialmente justa e economicamente viável, além de outras fontes de origem controlada.